汗血马的故乡：

HANXUEMA DE GUXIANG:

TUKUMANSITAN

土库曼斯坦

石 岚 刘 赛——编著

西南财经大学出版社

中国·成都

图书在版编目(CIP)数据

汗血马的故乡:土库曼斯坦/石岚,刘赛编著.—成都:西南财经大学出版社,
2024.6
ISBN 978-7-5504-5641-9

Ⅰ.①汗… Ⅱ.①石…②刘… Ⅲ.①土库曼—概况 Ⅳ.①K936.3

中国版本图书馆 CIP 数据核字(2022)第 220001 号

汗血马的故乡:土库曼斯坦

石岚　刘赛　编著

策划编辑:孙　婧
责任编辑:廖术涵
责任校对:周晓琬
封面设计:墨创文化
责任印制:朱曼丽

出版发行	西南财经大学出版社(四川省成都市光华村街55号)
网　　址	http://cbs. swufe. edu. cn
电子邮件	bookcj@ swufe. edu. cn
邮政编码	610074
电　　话	028-87353785
照　　排	四川胜翔数码印务设计有限公司
印　　刷	四川五洲彩印有限责任公司
成品尺寸	170 mm×240 mm
印　　张	9. 75
字　　数	184 千字
版　　次	2024 年 6 月第 1 版
印　　次	2024 年 6 月第 1 次印刷
书　　号	ISBN 978-7-5504-5641-9
定　　价	68. 00 元

序一

为响应习近平总书记提出的关于共同建设"丝绸之路经济带"的倡议,新疆社会科学院中亚研究所撰写了一套"丝绸之路经济带人文地理丛书·中亚专辑",很有现实意义。作为前驻土库曼斯坦大使,我有幸为《汗血马的故乡:土库曼斯坦》一书作序。

土库曼斯坦是一个既年轻又古老的国家。说它年轻是由于苏联解体,它在1991年10月27日才宣布独立。但其实,土库曼斯坦已有几千年的悠久历史。早在两千多年前,著名的丝绸之路就经过土库曼斯坦通往欧洲。西汉杰出的外交家张骞两次出使西域,曾到达大宛国。大宛国就是今天的土库曼斯坦。

土库曼斯坦80%的国土被世界著名的卡拉库姆大沙漠覆盖,故有"沙漠牧场"之称。其境内坐落着丝绸之路上许多重要城市,如梅尔夫、乌尔根奇、尼莎等。梅尔夫是公元前3世纪建立的帕提亚帝国的重要城市。中国汉朝时期,该城市是丝绸之路上的一个重要站点。在这里,商人可以买卖马匹或骆驼。乌尔根奇处于丝绸之路上东西方文化的交汇点,也是古老的花剌子模的首府,是丝绸之路通向俄罗斯的一个驿站。尼莎位于首都阿什哈巴德西南方向18千米处,帕提亚人通过尼莎控制了丝绸之路。他们创造了古代最有影响力的文明之一——帕提亚帝国。1999年,联合国教科文组织将梅尔夫国家历史与文化公园列入世界文化遗产名录。2005年,库尼亚-乌尔根奇入选世界文化遗产名录。2007年,尼莎帕提亚要塞被列入世界文化遗产名录。

土库曼斯坦是中亚五国中一个独特的国家,其最大特点是永久中立。1995年12月12日,第50届联合国大会一致通过决议,赋予土库曼斯坦永久中立国地位。这是世界上第一个由联合国大会通过决议承认的中立国。土库曼斯坦将中立作为其内外政策的基础,希望同所有的国家友好往来,共同开发土库曼斯坦拥有的丰富资源。土库曼斯坦的中立理念为其开创了独特的发展道路,使其一直保持社会稳定,国家安宁。

土库曼斯坦人民在几千年的历史进程中,创造了灿烂的民族文化,其中最有代表性的当属18世纪著名思想家、预言家和诗人马赫图姆库里的作品。他的作品题材广泛，几乎反映了土库曼斯坦人民生活中的每一个方面，富有深刻哲理，成为人民遵循的道德规范，是土库曼斯坦人民对世界文化的独有贡献。正如土库曼斯坦前总统库尔班古力·别尔德穆哈梅多夫所指出的：这位天才诗人的杰出思想已经变成全人类最宝贵的精神价值观。

闻名于世的"汗血宝马"就来自土库曼斯坦，即土库曼斯坦人民为之自豪的阿哈尔捷金马。它原产于土库曼斯坦科佩特山林和卡拉库姆沙漠之间的阿哈尔绿洲，后被当地居住的人们培育成良马，这已有3 000多年的历史。该马四肢修长，步伐轻盈优雅，以体态高大健美、奔跑速度快和耐力超强著称，自古以来都被视为土库曼斯坦的国宝。土库曼人的祖先乌古斯人赠给唐太宗的一批阿哈尔捷金马被称为"天马""千里马"。

阿哈尔捷金马是土库曼斯坦人的骄傲，它的雄姿被绘入土库曼斯坦国徽的中心，作为国家的象征。土库曼人对马的热爱和崇拜凝入血液，已成为土库曼斯坦民族文化的一部分。土库曼斯坦首任总统萨帕尔穆拉特·尼亚佐夫曾指出："阿哈尔捷金马不仅是土库曼斯坦人民的财富，也是世界人民的财富。"土库曼斯坦第二任总统库尔班古力·别尔德穆哈梅多夫积极推动阿哈尔捷金马走向世界，编写了《阿哈尔捷金马：我们的骄傲和荣耀》一书（中译名为《天马飞翔》），该书被翻译成各国文字在多国出版。

2014年5月，在土库曼斯坦时任总统库尔班古力·别尔德穆哈梅多夫访华期间，举行了世界汗血马协会特别大会暨中国马文化节活动。习近平主席和土库曼斯坦总统在大会上讲话，盛赞汗血马已成为中土友谊的使者和两国人民世代友好的见证。在马文化节开幕式上，习近平主席接受了土库曼斯坦总统代表土方赠予中方的一匹汗血马。此前，土库曼斯坦总统已赠送我国领导人两匹汗血马（均为公马），它们驯养在天津汗血马繁育中心。为使汗血马纯种在我国繁衍，中国又从国外引进13匹纯种母马。一匹匹小马驹顺利降生。随着纯种汗血马在我国的诞生和成长，象征中土两国人民传统友谊的汗血马的传奇故事将谱写出新的篇章。

现在再说说土库曼斯坦首都阿什哈巴德。该市融合了民族的建筑艺术和当代的建设风格，城市面貌日新月异，宽阔的马路一望无际，各式喷泉十分壮观，白色大理石装点的高楼风格各异，在夜晚灯光照射下宛如一座座"水晶宫"。很难想象这是一座在沙漠中的城市。它被誉为独联体国家中变化最大的城市，是中亚各国中最美的首都之一，到访的客人无不赞叹它的美丽。

作为前驻土库曼斯坦大使，我感受最深的是土库曼斯坦人民的友谊。中土两国人民的传统友谊源远流长，两千多年前伟大的丝绸之路将两国人民紧密地联系在一起。土库曼斯坦独立后，中土关系进入新的历史时期。土库曼斯坦首任总统尼亚佐夫特别重视土中关系。他四次访华，曾说："中国无论就其历史文化价值，还是就其在当代的发展而言，都是一个无与伦比的国家。"他认为没有政治稳定，就不可能有经济的发展，因而借鉴中国的经验，制定了名为"十年稳定"的建国纲领。第二任总统别尔德穆哈梅多夫继承原有大政方针，称"对华友好是土库曼斯坦既定方针，长期不变"，认为"土中关系已成为欧亚大陆国家间关系的典范"。他五次访华，同我国领导人建立起十分亲密和高度信任的关系。

2013 年 9 月，习近平主席出访中亚，首站便访问了土库曼斯坦，并将双边关系提升为战略伙伴关系。习近平主席指出：中土是真正意义上的战略伙伴。中国将坚定不移实行对土友好合作政策，永远做土库曼斯坦的好朋友、好伙伴、好兄弟。十万人夹道欢迎习近平主席的盛况，让中国人民欢欣鼓舞。习近平主席在访问中亚期间提出共同建设"丝绸之路经济带"的倡议，得到包括土库曼斯坦在内的丝绸之路沿线国家的积极响应和支持。

土库曼斯坦位于丝绸之路的中央地带。有利的地理位置加上积极的中立政策，使其在共建"丝绸之路经济带"中发挥着非常重要的作用。土库曼斯坦总统也提出过在新的历史时期复兴丝绸之路的倡议。2013 年 3 月，我曾有幸出席了土库曼斯坦举办的名为"丝绸之路外交：从历史到未来"的国际科学研讨会。土库曼斯坦倡导建设中亚走廊，与共建"丝绸之路经济带"相呼应。当前，中国和中亚国家在各个领域的互利合作正在蓬勃发展。中国是土库曼斯坦第一大贸易伙伴，特别值得提到的是两国的能源合作。世界上最长的中国—中亚天然气管道已于 2009 年 12 月正式开通，其被中亚国家领导人称为新时代的"丝绸之路"。这一西起土库曼斯坦，经乌兹别克斯坦、哈萨克斯坦到中国新疆的天然气管道已有 A、B、C 三条管线，现正建设第四条 D 线。中土优势互补，已成为长期、稳定和可靠的能源战略伙伴。中国—中亚天然气管道可谓中国与中亚国家建立利益共同体的一个典范。

建设"丝绸之路经济带"与中亚五国有密切关系。相信"'一带一路'沿线国家经济社会发展"丛书的出版发行，必将使广大读者对中亚在建设"丝绸之路经济带"中起的重要作用有更深入的了解，进而为实现互利共赢、共同发展做出贡献，以造福相关国家的人民。

驻土库曼斯坦前大使
国务院发展研究中心欧亚社会发展研究所研究员
殷松龄
2022 年 6 月

序二

　　土库曼斯坦位于中亚西南部，濒临里海，与伊朗、哈萨克斯坦、乌兹别克斯坦、阿富汗为邻，国土面积49.12万平方千米，大部分被卡拉库姆沙漠所覆盖，属于典型的沙漠绿洲国家。1991年10月，土库曼斯坦独立。1995年，该国获得联合国成员一致承认的永久中立国地位。

　　土库曼斯坦的油气资源非常丰富，不论是其现有生产量和探明储量，还是远景储量，都属于世界领先。这也是土库曼斯坦吸引投资与加强国际合作交流的重点领域。土库曼斯坦储量较大的资源还有碘、硝、钾盐、锶等。在农业领域，棉花、小麦等也是土库曼斯坦重要的产品物资。

　　在世界能源日益重要的今天，土库曼斯坦的重要意义愈发显现。

　　中国与土库曼斯坦没有共同边界，但两国之间的友谊源远流长。从汗血马到绵延千里的中国—中亚天然气管道，这些似乎遥远又非常亲近的内容在历史与现实的交织中回荡。随着中国—中亚天然气管道的不断建设，越来越多的中国人开始用上来自土库曼斯坦的天然气。随着合作的加深，越来越多的土库曼人来到中国，了解中国，与中国人民相互学习、相互借鉴，共同谱写新时代合作共赢的华美乐章。

　　有朋自远方来，不亦乐乎。土库曼斯坦独立后，中土两国领导人互访频繁。土库曼斯坦领导人非常重视发展与中国的友好关系，2007年以来，库尔班古力·别尔德穆哈梅多夫总统数次访华，中国国家主席习近平也在2013年9月对土库曼斯坦进行了国事访问，将双边关系提升为战略伙伴关系，为全面深化与完善双边合作打下坚实基础。2014年，库尔班古力·别尔德穆哈梅多夫总统访华期间，两国领导人共同见证了在北京举办的新一届马文化节。这标志着从政府到民间、从经济到人文、从历史到现实，中土两国人民的心已经紧紧联系在一起。

　　骏马奔腾，前程似锦。这是对中国与土库曼斯坦合作的现实写照，也是对未来合作前景的美好期盼。中土两国已经站在了新时期建设"丝绸之路经济带"的历史起点上。作为团结中亚各国共同开发建设的项目——中国—中亚天然气管道的投资国、气源国和主创国,中国与土库曼斯坦将再接再厉,继续推进以能源开发、管道建设与项目投资为主轴的双边经贸合作关系,同时带动中亚国家与中国命运共同体的建设,实现亚洲腹地繁荣富强的美好愿景。

新疆社会科学院中亚研究所 石岚 刘赛

2022 年 6 月

目录

第一章　土库曼斯坦概况

土库曼斯坦位于中亚西南部，科佩特山以北，东接阿姆河，北部和东北部与哈萨克斯坦、乌兹别克斯坦接壤，西濒里海与阿塞拜疆和俄罗斯相望，南邻伊朗，东南与阿富汗交界。国土面积 49.12 万平方千米，在中亚五国中仅次于哈萨克斯坦。

土库曼斯坦的自然资源极其丰富，最负盛名的是天然气和石油，被誉为气海上的国度。棉花和小麦种植享有盛誉，著名的阿哈尔捷金马（即汗血马）为土库曼斯坦增添了无限荣耀。

第一节　自然环境

一、沙漠绿洲相间

土库曼斯坦是中亚五国中地势最为平坦的国家，国土面积的五分之四是沙漠，其余为山脉和山麓，平均海拔为 100~200 米。国家地形整体上呈东南—西北走向，由东南向西北方向倾斜。沙漠与绿洲相间，是这个中亚内陆国度最典型的地形地貌特色。

高地和中高山地：国土南部是一片狭长的高地和中高山地，其东端耸立着全境最高山脉库吉唐套山脉（为吉萨尔山脉的支脉），最高峰为阿伊雷巴巴峰，海拔 3 139 米。库吉唐套山脉西面，是帕鲁帕米苏斯山脉（位于阿富汗境内）北麓嵌入土库曼斯坦境内形成的巴特赫兹高地（海拔 1 267 米）和卡拉比尔高地（海拔 984 米），两者被穆尔加布河分开。再向西是土库曼斯坦境内最大的山脉科佩特山。大巴尔汗山（海拔 1 881 米）和小巴尔汗山（海拔 777 米）沿西北走向展布在国土西部，并与科佩特山脉西北方向上的终段相邻。

平原：科佩特山前平原呈东西走向，并从山脚开始向北延伸到卡拉库姆沙漠，其西南与滨里海低地平原连接。在滨里海低地平原内分布有涅比特达格、库姆达格、蒙朱克雷等高地，并有很多泥火山。克拉斯诺沃高原（海拔308米）展布在国土西部，乌斯蒂尔特高原（南端）延伸到土库曼斯坦西北部，乌斯蒂尔特高原以南分布的是后乌兹博伊褶皱区。

沙漠：土库曼斯坦80%的国土被卡拉库姆大沙漠覆盖。在科佩特山前平原的东北部、北部分布着中卡拉库姆沙漠（地势低）和外温古兹—卡拉库姆沙漠，东南卡拉库姆沙漠横卧在阿姆河与捷詹河之间。整个卡拉库姆沙漠内，分布有沙丘、沙垅、沙脊、盐碱地。外温古兹—卡拉库姆沙漠中的阿赫恰卡亚洼地为土库曼斯坦境内最低点。

广袤的沙漠为土库曼斯坦提供了无尽财富。在沙漠腹地，有一个巨大的火坑，它已经燃烧了40多年，被当地人形象地称为"地狱之门"。看着火坑内熊熊燃烧的大火，不禁使人联想起科幻电影中外星飞船入侵时的恐怖场景。

"地狱之门"位于卡拉库姆沙漠德维泽村（Derweze），距离首都阿什哈巴德大约260千米，村里一共有约350名居民。其发出的金黄色火光在几千米外都能看得见。"地狱之门"充分展示出土库曼斯坦沙漠之下丰富的天然气资源。1971年，苏联地质学家在当地勘探时钻入一个存在大量天然气的大型地下洞穴。由于钻探设备下方的土壤塌陷，形成了一个宽70米的巨坑。地质学家担心这个巨坑会向外释放有毒气体，于是决定实施"火攻"。原以为会在几天内燃烧殆尽的天然气，却连续烧到现在也丝毫未见停歇的迹象。土库曼斯坦总统库尔班古力·别尔德穆哈梅多夫曾经到此视察并下令灭掉大火，填埋巨坑，但该计划一直未能付诸实施。

绿洲：土库曼斯坦的绿洲，镶嵌在沙漠的边缘，独具特色。绿洲孕育着农耕和游牧的生机，是土库曼人繁衍生息的地方。土库曼斯坦全国绿洲覆盖率仅占国土总面积的7%左右，却集中了全国全部的人口。著名的绿洲有穆尔加布绿洲、捷詹绿洲、阿哈尔绿洲、马雷绿洲等。

土库曼人不断通过自身努力改变不利自然条件，努力将荒漠变为绿洲，在沙漠边缘营造适宜人居住的家园。沿卡拉库姆沙漠东缘的阿姆河沿岸，是土库曼斯坦最主要的灌溉农业区。横贯全境的卡拉库姆大运河，源源不断地将阿姆河河水运输到阿什哈巴德等地。这条长1 480千米的运河，是世界上最大的灌溉和通航运河之一，保障了土库曼斯坦重要工业城市如阿什哈巴德、马雷、土库曼巴希等的用水和大约100万公顷农田的灌溉用水①。

---

① 土库曼斯坦的"零距离"接触［EB/OL］.（2015-01-29）［2022-06-25］.http://www.360doc.com/content/15/0129/20/21685599_444816099.shtml.

二、冬寒夏暑交替

土库曼斯坦位于亚欧大陆腹地，远离海洋，沙漠辽阔，为典型的温带大陆性气候，是世界上最干旱的地区之一。夏季炎热漫长，冬季寒冷少雪，春秋季节较短。

土库曼斯坦年降水稀少，一般在 300 mm 以下，里海附近和西北面沙漠为 75~100mm，东南山区为 240mm。由于国土主要位于图兰低地南部，来自印度洋和太平洋的暖湿气流受到阻隔，海洋水汽很难到达，水成为土库曼斯坦宝贵的财富。在这个国家，水比油贵是很容易被理解的。

充足的阳光为土库曼斯坦提供了丰富的光热资源。这里阳光辐射强烈，日照时间长，地表每平方厘米每年获得的热量达 160 大卡，全年平均气温为 14~16 ℃。在炎热的夏季，土库曼斯坦各地普遍气温高于 35 ℃，在东南卡拉库姆的列佩捷克，最高气温纪录为 50 ℃，而沙漠中的沙子温度可达 80 ℃。到了冬季，来自西伯利亚的寒流毫无遮挡地南下，直抵土库曼斯坦南部，给整个国家带来寒意。全国的最低气温可以达到 -32.8 ℃。土库曼斯坦的冬季时间短，全年无霜期有 220~270 天。

春天是土库曼斯坦最好的季节，一般始于 2 月底 3 月初，北部地区始于 3 月底，科佩特山区始于 4 月初。大陆性气候的特点是春天气温回升较快，但天气状况并不稳定，常常伴有倒春寒，也易发生短暂降雪。5 月下旬，气温快速升高，降雨量急剧减少，草木开始落色，但科佩特北麓山腰部草地的绿色一直会持续到 7 月。

夏季酷暑是土库曼斯坦气候中最突出的特点，可以用火热形容，温度常常超过 40 ℃，最高气温甚至高达 50 ℃。土库曼斯坦的夏季炎热少雨，部分地方甚至不会降雨，只有在里海沿岸、科佩特山和巴尔汗山区才有降雨，这些地方温度略低一些。到 8 月底，夜间温度才会下降，但是白天温度很高的天气会一直持续到 9 月中旬。9 月底，大部分地区白天温度在 25~30 ℃，山区夜间会出现霜冻。到 10 月份，天气会发生巨大变化，开始降雨，白天气温可以降到 10 ℃以下，山区会降雪。

土库曼斯坦的冬季非常寒冷，只有北极冷空气不能到达的西南地区会有温暖天气。冬天，随着北极寒流来袭，北方气温可以下降到 -30 ℃，南方则下降到 -20 ℃。寒流具有持续性特点，给当地农牧业生产带来了一定影响。

三、山水图画美景

（一）山脉

土库曼斯坦地势平坦，境内山脉不多，主要有库吉唐套山、巴特赫兹高地和卡拉比尔高地、科佩特山脉、大巴尔汗山和小巴尔汗山等。

1. 库吉唐套山

库吉唐套山位于帕米尔高原的外阿莱山脉东南部，大部分坐落在乌兹别克斯坦南部，小部分坐落在土库曼斯坦东部阿姆河右岸。库吉唐套山脉拥有很多深度超过700米的峡谷，山脉东坡地势陡峭，西坡分布有土库曼斯坦国家自然保护区大量农用地和工业采矿场等。

库吉唐套山从阿姆河河谷开始，一直延伸到谢拉巴特河峡谷，长约100千米，阿伊雷巴巴峰为土库曼斯坦境内山脉最高峰，海拔3 139米，山体为沉积岩，地层以石灰岩和膏岩为主，喀斯特岩溶地貌发育，山中发现有生活在1.5亿年前的高原恐龙的足印化石。

库吉唐套山山前地带为半荒漠，山脚以上为亚热带山地草原，生长着旱生灌木、阿月浑子树和稀疏的土库曼杜松等。

库吉唐套山脉地下溶洞发育，景观瑰丽，有"地下花园""天然花园""地下天然博物馆"的美称。著名的土库曼斯坦卡尔尤克洞穴群就位于其中。

库吉唐套山矿产资源丰富，品种繁多，是土库曼斯坦重要的采矿基地。这里盛产钾肥、盐岩、石膏、天青石、重晶石、大理石及各种有色金属矿和建材等，其中重要的矿产是自然硫。

2. 巴特赫兹高地和卡拉比尔高地

巴特赫兹高地和卡拉比尔高地是帕鲁帕米苏斯山脉（位于阿富汗境内）支脉延入土库曼斯坦境内的终端部分，穆尔加布河将其划分成两部分。穆尔加布河以西、捷詹河以东部分为巴特赫兹高地，穆尔加布河以东、阿姆河以西部分为卡拉比尔高地。巴特赫兹和卡拉比尔高地从南向北地势逐渐降低，最后嵌入卡拉库姆沙漠。

巴特赫兹高地地形呈山丘状，山丘中央有一些潜火山洼地和低矮长岗隆起。最大洼地是叶罗伊兰杜兹洼地，其深度超过400米，底部蕴含储量巨大的食盐，洼地内有涸湖以及古火山残积物。

卡拉比尔高地比巴特赫兹高地要低一些，海拔980米，地形呈山丘状，依稀可见河床和古溪谷的残迹。这些河床和古溪谷的残迹从卡拉比尔高地中心开始向北和向南分布，在北坡溪谷比较浅，但在南坡比较深、陡峭，个别呈峡谷状。

巴特赫兹和卡拉比尔高地为致密的沙石、沙壤土等，地理景观上跟草原相似。这里有一望无际的茂密草地，春天来临时，青草遍布，适宜牧放。土库曼斯坦在此设有自然保护区。

3. 科佩特山脉

科佩特山脉为土库曼—伊朗呼罗珊褶皱构造山带的一部分，大部分在伊朗境内，仅北部的一小部分支脉在土库曼斯坦境内。山脉大致呈东南—西北走向，长约 650 千米，东南段宽仅 40 千米、中段宽 80~95 千米、西北段宽达 200 千米，脉系间呈平行分布。山脉海拔 3 117 米。山脉中的各山脊、山梁之间呈平行展布，且被河流与峡谷纵横切割，喀斯特地貌发育，地下矿泉、温泉发育，盛产汞、砷、重晶石等矿产。

科佩特褶皱山脉春季降雨量大，东北部山麓与阿哈尔捷金绿洲、阿捷克绿洲相连。海拔 300~600 米高的山坡为荒漠、半荒漠，生长着稀少的蒿属植物和多年生植物；海拔 100~1 500 米为山地草原、灌木和荆棘丛生的林地；海拔 2 000 米以上为高山草甸。西部山谷地带为湿地，生长着大量的核桃、石榴、无花果、杏仁、枸杞、梨、山楂、山葡萄等亚热带野生果树和灌木。山区可见动物有箭头蛇、蝮蛇、仓鼠、红鼠兔、山猫、野生山羊、野猪、金钱豹、黑秃鹫等。土库曼斯坦在科佩特山区设有自然保护区。

4. 巴尔汗山

巴尔汗山脉坐落在土库曼斯坦西部，位于克拉斯诺沃高原和西科佩特山脉之间，分为大巴尔汗和小巴尔汗两支山脉，它们彼此相对独立。地质构造上两支山脉均位于新生代特提斯褶皱带。有一种地质成因观点认为它们是科佩特山脉的延续部分。

大巴尔汗山脉长约 70 千米，宽约 20 千米，乌兹博伊古河道将其与小巴尔汗山脉、科佩特西端余脉分割开来，域内最高峰为阿尔兰峰，海拔 1 880 米。山体是一个北坡陡峭、南坡平坦的背斜。山体的西端嵌入里海平原以下。山坡几乎完全裸露，南坡被峡谷切割。海拔 800 米以下基本上为荒漠地貌，800 米以上为半荒漠、山地草原地貌，生长着旱生植物和稀疏的杜松。峡谷中的阴凉地带生长着灌木。山中局部地段被平整为耕地。大巴尔汗山脉附近还发现了很多油田。

小巴尔汗山脉坐落在大巴尔汗山脉与科佩特西端余脉之间，为低山隆起，长约 30 千米，海拔 777 米。山体岩石主要为石灰岩。山麓地带岩性为泥灰岩、石膏、黏土，因受强烈剥蚀和地下水侵蚀，呈岩溶地貌。山坡为生长着蒿属和猪毛菜属植物的荒漠。

在山系、高地与沙漠、绿洲之间,是土库曼斯坦赖以生存的水源。土库曼斯坦是整个中亚水资源最为匮乏的国家,水是国家最宝贵的财富,不但具有经济意义,更具有战略意义。

（二）河流

土库曼斯坦气候干燥,降水蒸发快,地表径流微乎其微。国土西部和中部没有河流,几条规模不大的河流分布在东部和南部边缘地带,其在夏季变浅或干枯。所有河流都没有流向大洋,河水除了用于灌溉外,或消失于荒漠,或注入内陆湖泊。土库曼斯坦的河流主要有阿姆河、捷詹河、穆尔加布河、阿特列克河以及卡拉库姆大运河等。

1. 阿姆河

阿姆河是土库曼斯坦境内最大、最重要的河流,同时也是中亚最长的河流,因河水泥沙含量大,经常发生河床淤积、河道变更等现象,所以又被流域内居民称为"疯狂的河流"。

阿姆河起源于帕米尔高原南部兴都库什山北坡、海拔 4 900 米的山岳冰川,向西流入帕米尔河。其始为喷赤河,再曲折西流,汇合瓦赫什河后称阿姆河,向西北注入咸海。

阿姆河流经塔吉克斯坦、阿富汗、乌兹别克斯坦、土库曼斯坦 4 个国家,在土库曼斯坦境内有 1 000 千米,有 3 个州的农田灌溉用水来自该河。阿姆河流域南北宽 96 千米,东西长 1 400 千米,河谷宽从数十米到三四千米,局部地区河床宽达 2 000 米,河水补给主要是高山冰雪融水和上游山区冬春降雨。每年有春夏两次汛期。阿姆河上游支流较多,主要有苏尔哈勃河、卡菲尔尼河、苏尔汉河和舍拉巴德河等,流入平原后,下游没有任何支流。阿姆河上很多地方兴建有水电站。

阿姆河是土库曼斯坦的生命之河。土库曼斯坦 90%～95% 的土地靠阿姆河河水灌溉,卡拉库姆大运河、布哈拉运河、卡尔希运河等均从阿姆河抽调河水,用于农业灌溉和城市用水。土库曼斯坦在阿姆河流域还兴建有诸多水渠和水库。从土库曼纳巴特市到阿姆河河口有 450 千米河段可以通航,是土库曼斯坦重要的内河水运航道。

2. 捷詹河

捷詹河是土库曼斯坦第三大河流,发源于阿富汗兴都库什山脉中部、海拔 3 000 米的巴巴山;自源头由东向西流动,流经赫拉特谷地折向北流,成为阿富汗与伊朗的界河,此后继续北流,成为伊朗和土库曼斯坦的界河,在土库曼斯坦境内流经捷詹绿洲，最终在卡拉库姆沙漠中干涸消失。

捷詹河在土库曼斯坦境内长度约 300 千米，平均流量 31 立方米每秒，流域面积约 7.1 万平方千米。捷詹河水全靠雨水和阿富汗境内的融水补给，全年有半年以上干涸无水，在土库曼斯坦境内支流较少，水量匮乏。

捷詹河对伊朗和土库曼斯坦有着重要意义。土库曼斯坦境内的捷詹河上建有捷詹水库和霍尔水库。2004 年，在土伊边界捷詹河上兴建了"土库曼斯坦—伊朗友谊大坝"，所蓄水供土伊两国使用。

3. 穆尔加布河

穆尔加布河是土库曼斯坦第二大河流，发源于阿富汗西北部、海拔 2 600 米的白山，流域面积 6 万平方千米，全长 978 千米，在土库曼斯坦境内长 350 千米，流经穆尔加布市，在马雷附近与卡拉库姆运河交汇，最后在卡拉库姆沙漠中干涸消失。

在土库曼斯坦境内，穆尔加布河的支流有库什卡河和卡尚河。卡尚河即便在春天水量也很小，很难给穆尔加布河提供补给。每年七八月库什卡河还没有流到穆尔加布河就干涸了。穆尔加布河主要靠融水和降雨补给，因此每年只有春季汛期水量较多，夏季河水则干涸。为了储存汛期的水量，100 年前人们就在穆尔加布河上建造了很多水库。

穆尔加布河是土库曼斯坦南部饮水和灌溉用水的重要来源之一。

4. 阿特列克河

阿特列克河发源于伊朗东北部科佩特山脉中海拔 2 000 米高的山区，向西流经伊朗后进入土库曼斯坦，最后注入里海（汛期时），全长 669 千米，在土库曼斯坦境内长约 140 千米，流域面积为 2.7 万平方千米。河水水流湍急，流量不大，含沙量大，主要用于灌溉。河水主要靠地下水和雨水补给。阿特拉克河大多地方河岸陡立、河床较深，每年有春汛，汛期水量较大。

阿特列克河有很多支流，最大的支流是松巴尔河。阿特列克河是世界上最浑浊的河流，其浑浊度是阿姆河的 6 倍，中游河水中含沙量高达 22 千克/立方米。

5. 卡拉库姆大运河

作为天然水系的补充，土库曼斯坦还通过人工开凿运河的方式为国家经济社会生活提供所需的水源，其中最著名的就是卡拉库姆大运河。

卡拉库姆大运河横贯土库曼斯坦全境，是世界上最大的灌溉及通航运河之一。整个运河东起阿姆河，西至里海，全长 1 400 千米，最大河水深度为 7.5 米，最宽处为 150 米，最窄处为 30 米。源头为阿塔穆拉特东南的博萨加镇，河口位于里海地区巴尔坎纳巴特附近。

卡拉库姆大运河主要用于农业灌溉，土库曼斯坦100多万公顷的耕地和牧场使用卡拉库姆大运河河水灌溉，同时卡拉库姆大运河也保证了土库曼斯坦重要工业城市如阿什哈巴德、马雷等的用水。卡拉库姆大运河使得土库曼斯坦东西之间有了便捷的航道，并给沿岸的生态带来了很大的变化。

此外，在土库曼斯坦境内也有一些湖泊，但数量不多，且绝大部分湖泊是咸水湖，淡水湖很少。湖泊主要分布在里海近岸、河漫滩地带古河道和绿洲边缘地带，一些喀斯特成因的地下湖分布在科佩特山中。绝大部分湖泊规模不大，其面积从数百平方米到数千平方千米。

受地形与气候条件影响，土库曼斯坦是沙尘暴频繁活动影响区，沙尘暴主要集中在阿姆河沿岸和靠近里海与咸海的平原荒漠地带。增长的人口、人类的生产经营活动、全球大气循环的变化、水源地人类活动的增加等，都可能造成原本处于沙漠腹地的土库曼斯坦自然地理和气候的改变。

第二节　独特的物种

沙漠覆盖的疆土、稀少的降水、酷暑寒冬的气候，这些独特的自然条件导致土库曼斯坦的物种资源受到环境因素的极大影响。

一、植被

土库曼斯坦的植被带有非常典型的沙漠与干旱地区特质，品种数超过2 500种。仅在卡拉库姆沙漠就分布着700余种植被。其中最为珍贵的植物是有2 000多年历史的杜松。别具一格的还有被称作"Kugitang"的国家果园，那里生长着超过200年树龄的树种。

土库曼斯坦的植物可分为以下类型：短生和类短生植物、藻类植物、沙生植物和喜盐植物。

短生和类短生植物，如苔草、草熟禾、马康草、罂粟属等在土库曼斯坦的分布面积不是很大，主要分布在南部山前地带。这类植物本身并不具备抗旱能力，但它们的生长有一个特点，就是能避开旱季，在春天雨水相对比较多的时候，迅速生长、开花、结籽，在很短的时间里结束一生。在春季，它们是牲畜啃食的第一批青草。

藻类植物分布在土库曼斯坦北部和西部的龟裂土上。它们和短生植物一样，只在春季生长，但不同的是它们的根并不死亡，第二年春天又可发芽生长。这类植物的产草量极低。

沙生植物生长在疏松的沙地甚至移动沙丘上。它们大都是灌木或乔木，耐旱，耐高温，可在贫瘠的土壤上生长。它们的根系特别发达，长达二三十米，可穿过沙土深入地下水层，或向四处伸展，在比较大的范围内吸取水分。

喜盐植物主要分布在河谷低地和西部沿海低地。这类植物中，有些品种的茎和肥厚多汁的叶片里含盐分很高；有些品种则没有叶片，它们被绿色的茎所替代。

土库曼斯坦也有非荒漠植物群落，即土加依林，主要分布在阿姆河左岸的河滩上，有些地段宽 3~5 千米，有些地方丛林茂密不可通行，像热带丛林。

土库曼斯坦的灌木和矮灌木植物也非常丰富，其中最有价值的当属杜松、阿月浑子、胡桃、巴旦杏、高加索朴树、吐加伊白杨、无花果、石榴和曼陀茄等。

二、动物

土库曼斯坦地域辽阔，不同地区的气候、地貌、土壤和植被差异很大。这些差异决定了动物的分布和特点。

荒漠孕育了土库曼斯坦丰富的爬行类动物，这里有多种类蜥蜴、龟鳖类的草原龟，还有 30 多种蛇类，其中包括对人畜危害非常大的蜂蛇、眼镜蛇、斑蝰蛇，无毒的蚺蛇，有斑点的皇额蛇。哺乳类动物有卡拉干狐、小灭沙狐、黄鼬、虎鼬等，但种类和数量居多的是啮齿类，约占该地区哺乳动物的半数，主要有沙土鼠、跳鼠、黄鼠等。此外，瞪羚数量也较多。比较独特而稀有的物种包括土库曼斯坦北部和西部沙漠中的高鼻羚羊，巴特赫兹自然保护区东南部的骞驴（野驴的一种）。鸟类不太多，其中比较有特点的是盐木鸦、西域麻雀、云雀、沙漠莺、腹沙鸡、大旱鹬等。

在土加依林的灌木丛中栖息的动物群种类繁多。哺乳类动物有野猪、猫和胡狼；禽类中有野鸡；啮齿类中有危害性很大的板齿鼠，还有毛皮珍贵的麝鼠。

土库曼斯坦山地的动物群与平原地区相比无明显差别，基本种类相同。只有科佩特山区的动物较为丰富。在山前黄土荒漠中有豹、鬣狗和鼬科中的稀有兽类——印度熊。在河谷的密林深处有野猪和许多欧洲鸟类，如黄鹂、林鸽等。河的下游地段有石鸡等，上游地段有雪鸡、红嘴山鸦等。

阿姆河和卡拉库姆运河的鱼有几十种，如鲶鱼、鲤鱼、咸海海鲦、突厥斯坦圆腹鲦、大鳇鱼、驯化的远东鲢鱼和草鱼等。里海可全年捕鱼，主要是捕鲤鱼、鲳鱼、鲈鱼、锝鱼、鲭鱼等。

第三节　地方建设

一、行政区划

土库曼斯坦共有五个州，分别是阿哈尔州、巴尔坎州、达绍古兹州、列巴普州和马雷州。土库曼斯坦全境有 43 个区、51 个镇、62 个村和 605 个农村委员会，以及 1 719 个农村定居点①。

（一）阿什哈巴德市

阿什哈巴德市是土库曼斯坦的首都，是拥有独立省级权力的行政单位，城市位于科佩特山前地带的阿哈尔绿洲，面积约 470 平方千米。该市距伊朗仅40 千米，由阿扎特雷克、科佩特、尼亚佐夫、昌德比尔和阿尔恰比尔 5 个区组成。

阿什哈巴德是世界上最炎热的城市之一，气候为亚热带沙漠气候。1 月和7 月的平均气温分别是 4.41 ℃和 29.71 ℃。该市始建于 1881 年，原为俄国军事要塞。1924 年该市成为土库曼苏维埃社会主义共和国首都。1948 年曾发生强烈地震，市区受到严重破坏，但在苏联中央政府和其他加盟共和国的帮助下，迅速治愈了地震所造成的创伤。土库曼斯坦独立后，城市发展更加迅速，现已成为中亚设施最完善的城市之一。

土库曼斯坦独立后，加大了对首都的投资力度，使阿什哈巴德成为世界上建设发展最快的都市之一。城市的新型建筑都是由法国人设计、土耳其人承建，建筑物的表面为清一色的白色大理石，并辅以彩色射灯装饰，使整个城市显得富丽堂皇。由于地处沙漠之中，阿什哈巴德也更重视城市的绿化和美化建设，该市的城区和周边都种植了大量的树木和花草。市内多数街道的两侧铺设有水渠，用以浇灌路边的花草树木。

阿什哈巴德主要的建筑物前、广场上、公园里甚至道路隔离带上都修建了造型各异的喷泉。让每一位来到这里的人感觉不到身处沙漠之中，而是好像处于水乡之中。唯美的城市面貌，使阿什哈巴德拥有了"白色大理石建设之都"

---

① MINISTRY OF FOREIGN AFFAIRS OF TURKMENISTAN. General information［EB/OL］.（2022-01-10）［2022-06-26］.https://www.mfa.gov.tm/en/articles/2.

"喷泉之都"和"水晶之都"的美称。市中心为行政、文教、科研机构聚集地和商业区，西北、东南和东北部为工业区，南部为现代化新城区，那里集中了新居民区、使馆区、医学城、博物馆、图书馆等。

阿什哈巴德市的主导产业是工业，主要有食品工业、机械制造业、金属设计与加工业、医药工业和建材工业等，其中食品工业和轻工业尤为发达。在市内及郊区，集中了40多家大型工业综合体、约130个中型工业企业和1 700多个小型工业企业。其中最重要的工业企业有尼亚佐夫纺织综合体、阿什哈巴德缫丝厂、阿依拉尔针织厂、土库曼斯坦国家电缆厂、土库曼斯坦国家电信公司、阿什哈巴德玻璃厂等。其出产的玻璃、离心水泵、牛仔布料、羊毛地毯等产品在国外市场享有盛名。其交通系统发达，市内有横贯东西的通往各州及中亚其他国家的铁路，有通往全国各地的公路。尼亚佐夫总统国际航空港与国内各大城市直接通航，与独联体各国、中国（北京市与乌鲁木齐市）、伊朗、巴基斯坦、印度、德国、土耳其、英国、阿联酋和泰国等40多个国家和地区直接通航。

阿什哈巴德市也是教育科研文化中心。市内有土库曼斯坦国立马赫图姆库里大学、土库曼斯坦国立医科大学、土库曼斯坦工学院、土库曼斯坦农学院等17所高等学府和96个中小学校。国家科学院也位于该市，其下设16个研究机构，其中沙漠研究所、太阳能研究所和防震研究所在世界上有一定的影响力。此外，还建有图书馆、剧院、博物馆、电影院等各种文化设施。有众多名胜，其中较为著名的有"奥古兹汗父子"雕塑与喷泉群、独立纪念碑、中立纪念碑、土库曼斯坦国家博物馆、地毯博物馆、鲁赫耶特宫等。

（二）阿哈尔州

阿哈尔州于1992年在阿什哈巴德区基础上组建而成。州内有9个区、2个区级市、15个镇和106个村，首府为安纳乌市。该市位于土库曼斯坦中南部，西、北、东三面分别是巴尔坎州、达绍古兹州和马雷州，南面与伊朗接壤，面积为9.7万平方千米，是土库曼斯坦第二大州，仅次于巴尔坎州。全州人口约为102万（2011年数据），其中农业人口占59.1%，主要民族为土库曼族和俄罗斯族。

阿哈尔州具有多样性的地貌。捷詹河谷和河口三角洲位于阿哈尔州东南部，南部是科佩特山脉和山前平原，平原上有科佩特绿洲，中部是中央卡拉库姆沙漠；州的北部还分布着部分外温古兹—卡拉库姆沙漠和链状温古兹盐碱洼地；与达绍古兹州交界处还分布有乌兹博伊古河道。阿哈尔州地处炎热的沙漠地带，气候为炎热、干旱的大陆性气候，夏秋少雨，降水多发生在冬季与春季。捷詹河是州内最大的天然河流，卡拉库姆运河从东向西横穿而过，其在该州内流域长度为 270 千米。州内地下水资源较为丰富，但主要分布于科佩特山地区，其中阿尔奇曼温泉、阿尔瓦兹矿泉、科乌—阿塔地下矿泉湖、别尔赞吉矿泉等较为著名。在阿尔奇曼温泉附近，建有具有世界意义的现代化疗养院。

阿哈尔州矿产资源丰富。德尔维泽地区盛产硫矿，谢拉赫兹地区天然气储量丰富。阿哈尔州是土库曼斯坦天然气重要开采区，2010 年其天然气开采量占全国天然气总开采量的 29.8%。州内盛产石灰岩、石灰质砾石、石英砂岩、白云岩等建筑材料，尤其是科佩特山区地带盛产的石灰岩、石膏、黏土等工业建筑材料对国家建筑行业更是具有重要意义。其经济以农业为主，是国家传统的产粮区，被誉为"国家粮仓"。该州盛产棉花，种植粮食作物、蔬菜、水果。在全国蔬菜水果产量上，阿哈尔州的蔬菜占 36.1%、甜瓜占 35.8%、葡萄占 80.1%。鲁哈巴特区是土库曼斯坦新型标志性农业示范区，这里有新发展起来的大型鲁哈巴特农工综合体，采摘下来的蔬菜与水果直接送上加工生产线，生产全部自动化。鲁哈巴特农工综合体生产能力强大，生产的果汁、罐装西红柿等产品因质量上乘，远销世界其他国家。

阿哈尔州畜牧业发达，以饲养大牲畜、羊、牛、鸡为主。其骆驼饲养量在全国占 35%、家禽占 26.7%。这里繁育有著名的卡拉库尔绵羊，饲养着世界驰名的阿哈尔捷金马和阿拉拜犬。

畜牧业占阿哈尔州农业总产值的 51%。阿哈尔州地毯制作、商品零售业也同样发达。阿哈尔州的地毯产量占全国的 30% 左右。阿哈尔州也是国家大型工业中心之一，土库曼斯坦独立以来，经济迅速发展，门类众多的工业企业也得以快速成长。目前，在全国占主导地位的工业行业是化肥生产业、棉纺织业和制鞋业，建材业更为重要，全国 60.4% 的建材由该州生产。阿哈尔州的地理位置非常重要，铁路、公路、管道等交通网络四通八达，是联系其他四州和世界其他国家的交通枢纽。通往伊朗的全长 3 000 千米的捷詹—谢拉赫斯—梅什赫特铁路线的起点就位于该州境内。

阿哈尔州的绿洲是中亚农作物的摇篮，有 8 000 年种植栽培农作物的历史，著名的白小麦就出自这里。这里是古阿姆文化的发源地，新尼萨古城、老尼萨古城的遗址均在该州。阿哈尔州出土的有石器、青铜器、银器、金饰、骨雕、石雕等文物。特谢拉赫斯—巴巴陵墓、中亚最大的建筑杰作——土库曼巴希总统清真寺、近代吉奥克杰佩要塞等均在该州内。

（三）巴尔坎州

巴尔坎州位于土库曼斯坦西部，北与哈萨克斯坦、乌兹别克斯坦接壤，东北与东南分别是达绍古兹州和阿哈尔州，南面与伊朗相邻，面积为13.9万平方千米，占国土面积的28.4%，是土库曼斯坦面积最大的州，首府为巴尔坎纳巴特市。该州于1992年在原巴尔坎州的基础上重新组建而成，州内有6个区、6个区级市、16个镇和40个村。州人口数为55.35万（2005年数据）。该州是全国城市化程度最高的州，城市人口数占州总人数的80%以上。该州西濒里海，全州大部分处于西土库曼低地，地势从东向西呈倾斜状，地势很低，科佩特山麓地带海拔仅为100~200米，里海沿岸地带低于海平面28米，卡拉博加兹戈尔湾北缘的丘卡尔索尔洼地低于海平面45米，为该州最低点。

巴尔坎州位于里海沿岸，地貌景观多样，科佩特山脉西端支脉、大巴尔汗山、小巴尔汗山、乌斯蒂特高原上的山地等均坐落在其境内，州内分布有克济尔库姆、达尔加库姆、奥克图姆库姆、奇尔玛梅特库姆平顶沙山，阿特拉克河、松巴尔河、长岱河、海中岛屿、半岛、海湾、巴尔坎纳等盐碱洼地，分布有数量庞大的泥火山群，其中多数是世界级的自然地质景观。

从总体上看，巴尔坎州气候属于炎热、干旱的大陆性气候，只有在境内的一些河流分布地区相对温暖和湿润一些。与其他地方相比，里海沿岸地区的夏季炎热程度要低一些，冬季寒冷程度也要弱一些。辖区矿产资源十分丰富，是全国石油工业和化工工业的重要基地，石油和天然气是其最重要的资源，出产的重晶石、卤水、食盐等化工原料广受欢迎，从卡拉博加兹戈尔湾盐水中可以提炼出芒硝、钙芒硝、钠、镁、溴等。巴尔坎州还有储量巨大的膨润土矿、白石矿，一定数量的石煤、褐煤及数量庞大的矿泉，以及有医疗价值的矿泥温泉。同时，这里是全国最大的渔业养殖基地；是全国最大的采盐业基地，有全国最大的晒盐场，食盐产量全国第一；拥有数量巨大的适合农业耕种和放牧的土地，是国家小麦主要产区；也是国家重要的牲畜养殖基地。近年来，该州农业经济发展较快，尤其是畜牧业。畜产品总值占全州农业总产值的68.1%，骆驼饲养量占全国的33.4%，羊饲养量占全国的16.7%。

目前，巴尔坎州正在建设纳巴津（哈萨克斯坦）—克兹尔卡亚—别列克特—戈尔甘（伊朗）"北方—南方"国际铁路大动脉，其将土库曼斯坦、俄罗斯、哈萨克斯坦、伊朗四国连接起来，与未来走向波斯湾和印度洋的战略出口相接。正在修建的阿瓦扎国家级旅游景区是土库曼斯坦新概念的旅游产业，是国民经济发展的战略方向之一。交通运输系统也日趋完善，出行工具种类齐全，中转运输功能强大。2010年，国内最新的现代化大型航空港土库曼巴希国际新机场建成投入使用，货物运输量占全国运输总量的18.5%。由于濒临里海，巴尔坎州是土库曼斯坦的海上门户，土库曼斯坦同其他国家出口贸易货物运输均经由土库曼巴希港口。

巴尔坎州是土库曼斯坦工业最为发达的州。油气开采企业、石油提炼与加工企业、电力企业、化工原料开采与加工企业等是巴尔坎州工业的基础。其重要的工矿企业与经济实体有库姆达格油田、巴尔坎纳巴特国家发电厂、巴尔坎纳巴特化工厂、土库曼巴希综合炼油厂、土库曼巴希国家热电站、哈扎尔化工厂、哈扎尔技术碳厂、谢尔达尔车辆维修厂、谢尔达尔织毯厂、卡拉博加兹戈尔湾晒盐场、土库曼巴希现代化航空港等。巴尔坎州设有国家自然保护区，有很多自然遗迹和古文化遗址等，旅游资源丰富，是旅游、观光、休闲、度假的良好场所。

（四）达绍古兹州

达绍古兹州地处土库曼斯坦北部，位于阿姆河下游左岸，占据了部分中央卡拉库姆沙漠、部分外温古兹—卡拉库姆沙漠、乌斯蒂特高原东南部。州的西北、北面和东北面与乌兹别克斯坦接壤，南面与阿哈尔州接壤，西南面与巴尔坎州接壤，东南面与列巴普州接壤。

该州于1992年在原塔沙乌兹州的基础上组建而成，首府为达绍古兹市，面积为7.36万平方千米，有9个区、2个区级市、7个镇和134个村。州内人口数为137.4万（2005年数据），占国家人口总数的15.3%，人口居全国第二。在现有人口中，农业人口占62.8%，城镇人口占37.2%，平均人口密度为每平方千米15人。境内铁路沿线、阿姆河沿岸经济较发达，人口比较集中，州东北部地区是人口最稠密地区，人口密度高达每平方千米200人以上。气候属于强烈的大陆性气候，夏季高温炎热，7月份平均气温为27~30℃，最高温度可达45℃。冬季寒冷漫长，是全国最寒冷的地区，最低气温可达-35℃。降水量极少，年降水量仅有80~110毫米。气候条件适合种植中纤维棉花、芝麻、水稻、葡萄等喜温作物。地貌主要由河谷冲积平原、流沙平原、外温古兹—卡拉库姆沙漠、萨雷卡梅什湖及洼地、古河道、低矮的隆起沙地、出露地表岩块等构成。西部为海拔达300米的高地，东部为适合农业耕种的肥沃淤泥土壤质平原，西北部为面积超过5 000平方千米、深达40米的萨雷卡梅什湖。阿赫恰卡亚洼地低于海平面92.5米。主要河流有阿姆河、加扎瓦特运河、沙瓦特运河、克雷奇拜运河，各种沟渠等均从阿姆河取水，这些运河和沟渠的总长度约7 000千米。

达绍古兹州有石膏、食盐、硝石、石灰石及其他建材矿床，但意义不大，南部和东南部有含天然气的区块，但还没有开发，萨雷卡海什盆地内的地层被发现具有含油气的特征。交通运输方式有铁路、公路、航运、管道运输四种。州东北部公路网发达，主要公路干线从达绍古兹州起向西穿越卡拉库姆沙漠，直通首都阿什哈巴德市。2005 年投入使用的土库曼纳巴特—昆格拉特和达绍古兹—阿什哈巴德铁路对区域经济有重要意义，缩短了货物运输距离，避免了乌兹别克斯坦过境运输的麻烦。达绍古兹与要什哈巴德、土库曼纳巴特、土库曼巴希每天有定时航班。另外，通往乌兹别克斯坦、俄罗斯的天然气管道也从达绍古兹州通过。

达绍古兹州经济属于农工经济类型，农业是经济的基础。该州是国家重要的植棉和水稻产区，棉花年产量占全国棉花年总产量的三分之一以上，水稻年产量占全国年总产量的 60% 以上。瓜果、蔬菜种植业和养蚕业发达，粮食作物主要有小麦、大麦、水稻、高粱、芝麻等，果树有杏、苹果、梨和葡萄等。工业主要是轻工业、建材工业和食品工业；建材工业生产的建筑材料有沥青、石膏、石灰、砖板岩等；轻纺业生产的产品有鞋、袜、纱、羊毛、皮革、地毯及毯制品等；食品工业生产的产品有肉类、罐头食品、动物油、乳制品、全脂奶品、糖果点心、植物油、通心粉等。

过去，达绍古兹州是土库曼斯坦境内经济最为落后的州，能源和矿产资源缺乏，受咸海灾难影响，土壤盐碱化、环境恶化，当地各项社会、经济指标处于全国最低水平，失业率高、平均工资水平低。近年来，达绍古兹州的经济、社会、文化建设呈现出全面发展的态势，经济发展尤为迅速。其相继建立起一些新的工业项目，新的原料基地也不断建成，农产品加工逐步实现现代化，建起了新居民楼房、居民饮水厂、新的社会公共设施，小型商业正在迅速发展，交通道路设施状况在一定程度上也得到了改善。土乌边境上的杰里亚雷克外输增压站、新的大型现代化净化设备的投入使用，达绍古兹现代化大型棉纺厂的投产，达绍古兹现代化饮水厂的启用，国家农业学院分校的成立，埃涅-米亚赫丽现代化医疗中心的落成，都是达绍古兹州全面快速发展的最好例证。

达绍古兹州有辉煌灿烂的历史，有大量可以作为土库曼人古代文明见证的历史遗迹，库尼亚-乌尔根奇古迹区在 2005 年被联合国教科文组织列入了《世界遗产名录》。

（五）列巴普州

列巴普州位于土库曼斯坦东部阿姆河流域中游地段，东北面、东面与乌兹别克斯坦接壤，南面与阿富汗相邻，西南面与马雷州接壤，西北面是达绍古兹州，面积为 9.37 万平方千米，人口总数为 133.45 万（2005 年），农业人口占州总人数的 53.2%（2011 年）。列巴普州于 1992 年在原查尔朱州基础上组建成立，首府为土库曼纳巴特市，包含 14 个区、3 个区级市、26 个镇和 117 个村。境内主要民族有土库曼族、乌兹别克族、塔吉克族、乌克兰族和哈萨克族等。

列巴普州地貌构成要素有河谷、高地、山岭、沙漠、绿洲。州内基本上全是沙漠，其上分布有绿洲。卡拉库姆沙漠占据了阿姆河左岸的大部分地区，绿洲沿着河谷分布在沙漠上，州最东南部是卡拉比尔高地，其与卡拉库姆沙漠连在一起，阿姆河的右岸为孙杜克利沙漠，州最东部为库吉唐套山所占据。州内植被主要为沙漠植被，可做牧场放牧。阿姆河河漫滩上生长有甘草、斑紫、芦苇等植物，它们具有工业价值。列巴普州具有丰富的矿产资源，盛产天然气、天然硫、钾盐、明矾石及各种建材原料，土地资源和水资源也很丰富。气候属于强烈的大陆性气候，特别炎热干燥。夏季气温很高，雷佩泰克夏季最高温度可达50℃，降水量很小。列巴普州工业以能源电力、天然气、石油提炼与加工、化工、食品加工、建材工业等行业为主。含量丰富的燃料资源和矿物资源是列巴普州工业快速发展的雄厚基础。燃料-能源综合部门在该工业中占主导地位，其生产值占该州工业总产值的35.5%。农业主要以棉花种植业、蔬菜与瓜果种植业、养蚕业及畜牧业等为主。该州畜牧业比较发达，以养牛和羊为主。在该州部产值中畜牧业占主导地位，卡拉库尔绵羊饲养业最为发达。

2010年，列巴普州工业产值占全国的20.7%，农业产值占全国的22.3%，经济发展建设投资总额占全国的11.6%。在投资结构上，89%的资金投向了生产项目。列巴普州拥有的公路、铁路总里程长度位居全国第一位，空运、河运、管道运输也很发达，被誉为大漠新丝路的"土库曼斯坦—乌兹别克斯坦—哈萨克斯坦—中国"天然气管道的起点就是从该州开始的。

历史上古老的丝绸之路经过这里，州内有很多历史古迹，如古老的客栈、陵墓等，有很多穆斯林信徒朝圣之地。州内设有3处国家自然保护区，有很多特有的动物、植物。州内有"地下花园"美称的岩溶洞穴、史前高原恐龙足迹化石等。还可以欣赏到库吉唐套山的美丽月色和令人惊叹的卡拉库姆沙漠风蚀沙漠的壮丽景观等。

（六）马雷州

马雷州位于土库曼斯坦东南部，东北面与东面是列巴普州，西面是阿哈尔州，南面和东南面与阿富汗接壤。马雷州于1992年在原州的基础上重新划分了辖区的地界，面积为8.7万平方千米。马雷州人口总数为148万（2005年数据），其中农业人口占66.9%。该州是土库曼斯坦人口最稠密的地区，州内主要民族有土库曼族、俄罗斯族和哈萨克族等。州内共有12个行政区、2个区级市、14个镇和148个村，首府为马雷市。地貌单元主要包括穆尔中布河和穆尔加布绿洲、卡拉库姆沙漠、巴特赫兹高地、卡拉比尔高地马雷州。马雷州是土库曼斯坦境内阳光照射最强的地区，夏天炎热干旱且持续时间长，冬天相对较暖，局部有雪覆盖。水源靠穆尔加布河、卡拉库姆运河提供。卡拉库姆运河从东向西横穿全境，其长度为 350 千米。穆尔加布河对马雷州的农业灌溉具有重要意义。境内有很多珍稀动物，水域内鱼类丰富，有各种各样的水鸟常年栖息在这里，冬天有各种候鸟来此越冬。

马雷州拥有丰富的矿产资源。境内天然气十分丰富，储量巨大，土库曼斯坦的巨型天然气气田有约洛坦大气田、沙特雷克大气田、乌恰吉大气田等，并且还有很多天然气远景区。巴特赫兹地区探明有明矾石矿床。马雷州还出产各种各样的建材原料，如黏土、石英砂、砾石、石灰岩、泥灰岩等。天然气开采、电力、化工、建材、纺织、食品是马雷州的主导工业，其电力生产能力、矿物肥料生产能力、棉纺和针织制造能力尤为强大。全国 50% 以上的电量由马雷天然气发电厂生产，部分还输往伊朗、塔吉克斯坦、巴基斯坦、印度等国。马雷州是国家肥料生产基地，全国近 24.7% 的矿物肥料由这里生产，马雷氮肥厂是全国最大的化肥厂。农业经济的主导产业是种植业和畜牧业。畜牧业占全州农业总产值的一半以上，棉花、粮食、蔬菜与水果生产也占有重要地位。

马雷州的交通运输网络是土库曼斯坦国家交通运输网络的重要组成部分，是实现国家地区间经济联系的主要纽带，是打通外界市场的重要保证。历史上，马雷是古丝绸之路上的重要驿站，土库曼斯坦境内的历史遗迹大多分布在马雷州。其中最为著名的就是古梅尔夫古城遗址。1999 年，联合国教科文组织将古梅尔夫国家历史和文化公园作为文化遗产列入《世界遗产名录》。

二、现代工业发展的优先方向

新时期，土库曼斯坦已经从以农牧业为主的传统社会进入以工业生产为经济主导成分的社会，现代化、工业化的步伐不断加大，国家大力发展特色经济和扶持优势产业，地区政策是土库曼斯坦新的社会经济方针的重要组成部分。土库曼斯坦确立了地区生产力均衡发展、提高居民福利水平的发展目标。

2011 年 2 月，土库曼斯坦时任总统库尔班古力·别尔德穆哈梅多夫签署决议，确立了达绍古兹州工业基础设施发展的主要方向。此外，列巴普州和马雷州发展工业基础设施的主要方向也已确立。这些规划的目的在于推动土库曼斯坦各个地区创新生产基础设施的综合发展，在当地开办新的生产企业，扩大出口潜力，为提高居民的生活水平和质量奠定基础。

巴尔坎州集中了土库曼斯坦较大的油气田。油气资源的开采和加工使这一地区的经济呈现出燃料能源领域的专业化发展。巴尔坎州的工业产值在各个州中占据领先地位。巴尔坎州的石油开采、鱼类养殖以及鱼产品生产在国内占有重要地位，而土库曼斯坦国内所有的食用盐、工业用碳、碘和溴都在这里生产。采用先进的环保工艺从岩层深处及海洋开采石油、天然气和气体凝析液，在这一基础上扩大出口是巴尔坎州石油天然气领域较有前景的方向。位于基扬拉镇的天然气加工厂和地面天然气输送站的投入使用拉开了在土库曼斯坦里海大陆架工业化开采天然气的序幕。

近年来，巴尔坎州在西部的矿区建起了现代化的石油天然气开采设施。土库曼斯坦国有石油公司的主要工作就是给原有的以及一些新开发的油气田进行设备安装。土库曼巴希石油加工联合综合体是土库曼斯坦石化行业的领军企业，它投入了大量的资金完成了全面的现代化改造，推出了约 40 个品种的石化产品并销往国内外市场。

巴尔坎州具有发展化工和石化行业的巨大潜力，这不仅在于对已开发矿床资源的综合利用，还在于对一些新的化工原料矿床进行工业化开采。有 3 家生产碘的化工企业，分别是哈扎尔化工厂、巴尔坎纳巴特碘厂和别列克特碘厂。将来，巴尔坎州还计划建设生产氮肥、液化气、硫酸钾、荷性钠、氯、溴和涂料的企业。建筑业以及以当地原料为基础的建材生产业的发展见证了巴尔坎州经济多样化规划的实施。在巴尔坎纳巴特有陶土厂，在土库曼巴希、别列克特、谢尔达尔有生产非金属材料的工厂，还有一些生产墙面建材的工厂。在捷别尔镇，年生产能力为 100 万吨的水泥厂正在建设之中。2011 年 6 月，土库曼巴希市一座每小时生产 240 吨的沥青混凝土的工厂投入使用。

马雷州是土库曼斯坦重要的工业中心，其工业产值仅次于巴尔坎州，位列第二。马雷州的工业基础是天然气开采、发电、化工、机器制造和金属加工、棉花加工、纺织和食品工业、建材、矿物肥和日用消费品生产。

境内分布着土库曼斯坦一些最大的天然气田，其中包括多夫列塔巴特、亚什拉尔、米纳拉、南约洛坦—奥斯曼。世界最大的南约洛坦—奥斯曼气田的开采将使马雷州跨入土库曼斯坦经济的前列。在马雷州铺设土库曼斯坦—阿富汗—巴基斯坦—印度天然气管道的问题正在研究讨论之中。电力也是马雷州工业领域优先发展和具有广阔前景的行业之一。目前，土库曼斯坦最大的马雷水电站所发的电已占到全国的 50% 以上，不仅满足了国内需求而且还对外出口。为了增加发电量，2011 年 1 月，库尔班古力·别尔德穆哈梅多夫总统签署了有关对架设高压输电线和修建变电站提供拨款的决议。对现有变电站的改造也会推动这一领域的进一步现代化。

马雷州的化工业具有较大的发展潜力。马雷氮肥厂在这方面发挥着重要作用。为了进一步扩大矿物肥料的生产潜力，马雷州根据总统的指示开始建设生产氨肥和尿素的工厂。这个工厂的生产能力是每年生产 40 万吨的合成液态氨和 64 万吨的尿素。在加工业领域，优先发展的是轻工业和食品工业。

　　地区间劳动力的分布以及首都所处的位置决定了阿哈尔州的经济走向。这一地区已经形成了较大的工业潜力。丰富的原料资源为阿哈尔州天然气、化工、建材生产等领域的发展创造了条件。目前，阿哈尔州的工业产值占全国总产值的 15% 以上。土库曼斯坦全部的水泥和纸张、约 30% 的天然气、38% 的矿物肥料、约 60% 的非金属建材、30% 的水果和蔬菜罐头、40% 以上的棉纱、36.5% 的棉布、约 30% 的植物油、24% 的面包和面包类食品等都产自阿哈尔州。

　　土库曼斯坦独立后，阿哈尔州新建的数十家企业使该州的工业潜力显著增长。目前，天然气开采领域的高度发展决定了阿哈尔州的重要地位。阿哈尔州的天然气开采企业是向国外市场出口天然气的最大供应商。阿哈尔州天然气开采能力的增长未来将成为土库曼斯坦不断扩大天然气出口的基础因素。最直观的例子就是 2010 年 1 月投入使用的通往伊朗方向的国际天然气管道。阿哈尔州已经形成了强大的化工产品生产研发基地，包括捷詹市年生产能力为 35 万吨的土库曼尿素厂投产在内。

　　由于境内非金属矿物原料资源丰富，土库曼斯坦的大部分建材生产企业都集中在阿哈尔州。阿哈尔州积极的投资政策和发达的现代建筑技术为建筑企业继续加快发展创造了条件。2009 年 5 月，土库曼斯坦国内首个重工业企业——年生产能力为 16 万吨的冶金厂在奥瓦丹杰普投产。这个企业所生产的产品是国内工业生产所必不可少的，而此前这些产品完全依赖于从国外进口。于 2010 年投产的年生产能力为 20 万立方米的加气混凝土厂的生产规模将来也要扩大。

　　阿哈尔州的轻工业和食品工业已经形成了较大的生产潜力。年生产能力为 100 万米的平绒厂和使用合成纱线和棉纱生产混纺织物的最现代化的纺织厂已投入使用。2010 年，年生产能力为 1 万吨丝的纺纱厂二期工程在阿巴丹市投产。在奥瓦丹杰普市有一些农产品加工企业，还有大型食品生产企业阿哈尔油脂厂，它每年能加工 9.6 万吨棉籽。

　　丰富多样的矿产资源是列巴普州发展工业的基础。在列巴普州的工业生产结构中占有较大比重的是天然气和天然气加工业、石油和石油加工业、化工业、纺织业、食品工业、电力和建材业。天然气产业的发展在列巴普州具有优先意义。随着输电线的架设和公路的通车，阿姆河右岸新的油气田开发正在全力进行。2010年，霍贾姆巴兹地区的巴格迪雅尔雷克天然气加压站交付使用，它是世界上最长的天然气管道——土库曼斯坦—乌兹别克斯坦—哈萨克斯坦—中国天然气管道的重要组成部分。这条天然气管道是土库曼斯坦油气资源出口多样化最为重要的因素，它将显著增强土库曼斯坦的出口潜力。

列巴普州未来经济的顺利发展将在很大程度上取决于化工业。在此特别值得一提的是于2009年在加尔雷克钾盐矿开始建设的生产钾肥的采矿—选矿联合企业。这一企业的投产不仅完全满足了本州农业生产对钾肥的需求，而且还有能力对外出口。在加尔雷克镇，一座年生产能力为100万吨的水泥厂已经开工建设。

将来，列巴普州将把轻工业特别是其中的出口主导型高技术纺织企业置于经济发展的重要地位。由于大规模建设加工厂和纺织企业，列巴普州成品的出口和内销数量将会增长，就业岗位将会增多。食品加工业在迅速发展，肉类加工企业和乳品厂也具有广阔的发展前景。食品工业结构性的改进将减少土库曼斯坦对进口食品的依赖，使建立在本地原料基础上的食品生产发展加快。

达绍古兹州是一个农业和工业地区。为了改善居民社会生活条件，达绍古兹州正在组建设备先进的有竞争能力的企业，其目的是增加现金收入，改善劳动条件，提高劳动效率并且使产品质量符合国际标准。在达绍古兹的工业领域占有重要地位的是棉花加工业、纺织业、制衣业、制毯业和食品加工业。达绍古兹州的行政中心达绍古兹市集中了大部分的工业企业，其产值约占整个州的1/4。

达绍古兹州还建立了许多生产肉类、果蔬罐头、香肠、乳品、非酒精饮料的小工厂，开办了许多面包房。在达绍古兹州的6个地区还计划建设年生产能力为5 000吨的加工纯奶制品的工厂。根据《土库曼斯坦2011—2030年社会经济发展纲要》的要求，为了从根本上改善居民的社会日常生活条件，土库曼斯坦计划在8个地区修建净水设施，完全满足居民对饮用水的需求。

三、现代城市

1. 土库曼巴希市

土库曼巴希市位于里海东南部的土库曼巴希湾北岸，是土库曼斯坦最重要的出海口，同时也是中亚地区最大的港口城市。该市东部低山环绕，西部被里海包围，周围的沙漠景观与月球上的景观相似。城市所在的里海沿岸地区有美丽的沙滩，海水干净而清澈，有丰富的海洋植物群和动物群，有能让人尽情享受的各种水上运动项目，建有大量的疗养院，市内还保留了一些欧式建筑。该市现有人口约 7.7 万人，是土库曼斯坦人口增长较快的城市。近年来，外来人口数量逐年增多。市内民族以土库曼族、俄罗斯族和阿塞拜疆族为主。城市气候适中，年均气温为 14.6 度，空气湿度为 60%，淡水是困扰该城市发展的重要因素，主要靠卡拉库姆运河提供。

土库曼巴希市也是土库曼斯坦重要的交通枢纽，交通网络四通八达，被誉为"通往中亚的门户"。西边通过跨里海大铁路可以连到巴库，通到高加索地区；东边经由阿什哈巴德可与国内东部地区、中亚地区及伊朗连接起来。通过海上通道，可以直接与里海西岸国家实现贸易联系。公路网络可以直达全国各地。2010 年建成的大型现代化国际机场，可以起降任何型号的飞机。另外，有输油管连通城市还拟建跨海天然气管道。

工业是土库曼巴希市的经济支柱。油气工业、建材工业、食品加工业等为城市工业主体。市内建有大型炼油厂、船舶修理厂、热电厂、建材厂、碘厂、肉类加工厂、地毯厂等。土库曼巴希石油化工联合体是土库曼斯坦境内大型的综合炼油企业，拥有一流的现代化设备和生产工艺流程。旅游业也比较发达。城市所在地区旅游资源丰富，有沙漠、海洋与山脉连为一体的独特综合自然景观，有比自然景观更加壮观的泥火山群和大量有医疗价值的温泉，还有野生动物保护区。同时，城市周围还有古德黑斯坦城遗址等诸多文化旅游资源。此外，在距市中心 12 千米的里海沿岸地带，土库曼斯坦计划投资数十亿美元打造的阿瓦扎国家旅游区正在建设中，景区面积计划为 5 000 公顷，其中娱乐设施占地 1 700 公顷，国家天然公园占地 2 000 公顷，绿化占地 1 300 公顷。根据总体规划，将在里海 16 千米的海岸线上建造出一系列高档酒店和园林，在海岸纵深地带修建康体中心、博物馆、写字楼、购物中心、医疗中心、学校、体育馆等，将阿瓦扎国家旅游区打造成集旅游、休闲、康体、国际会展和国际商务为一体的综合性旅游胜地。

2. 巴尔坎纳巴特市

巴尔坎纳巴特市位于土库曼斯坦西部地区的沙漠中，坐落在大巴尔汗山南麓，为巴尔坎州行政首府，距离西北方向的土库曼巴希市 130 千米，是土库曼斯坦重要的石油开采、加工中心，也是重要的铁路和公路交通枢纽。该市位于跨里海铁路干线上，拥有机场，机场与火车站相邻，人口有 12 万（2011 年数据）。1933 年跨里海铁路修至此地时，这里还是一个小镇，后来因开采涅比特—达格大油田，该地经济才发展起来，1946 年被立为市。市内设有石油科研设计院和地方志历史博物馆，还有著名的圣母玛利亚大教堂。

巴尔坎纳巴特市位于地震高发带，市内大量建筑为低层建筑，主要交通干线均平行于大巴尔汗山岳走向而建，马路宽阔，花园和公园规模较大，各种公用设施带有明显的石油文化色彩。城市经济以石化工业为主，重要的工业企业有石油天然气开采加工中心、机修厂、碘厂、肉联厂、食品加工厂、地毯厂、发电厂等。

3. 达绍古兹市

达绍古兹市位于土库曼斯坦西北部，靠近乌兹别克斯坦边境，是达绍古兹州首府，为土库曼斯坦的第三大城市，是达绍古兹州的经济、文化中心。该市距乌兹别克斯坦的乌尔根奇市 80 千米，沙瓦特运河穿过城区，将城市划分为南、北两部分。城市人口约有 22.72 万人（2010 年数据），其中乌兹别克族约占 54%，土库曼族超过 40%，俄罗斯族超过 2%，其他民族有哈萨克族、鞑靼族、朝鲜族等。

城市年均气温 13.5 ℃，年均空气湿度 55.9%。达绍古兹市是重要的交通枢纽。公路交通网通达全国各大州与城市。连接土库曼纳巴特、昆格勒（乌兹别克斯坦）、马卡特（哈萨克斯坦）的铁路也经过这里，达绍古兹火车站是土库曼斯坦境内及至咸海地区最大的、最现代化的火车站。另外，达绍古兹市还有通往国内各大城市以及中亚许多城市的航班。

达绍古兹市区内集中了轧棉、纺织、榨油、奶类加工、肉类加工、机器修理、建材、织毯、缝纫和糖果糕点等多种行业。因为有沙瓦特运河将阿姆河水引入市区，所以达绍古兹市水源较为充足，市区绿树成荫，环境优美。市内设立有农学院分院、医学中等专科学校、师范中等专科学校、艺术专科学校等诸多职业学校，建有努尔姆哈梅特·安达利布音乐话剧院和现代化的跑马场。达绍古兹市是一座多元化文化城市，市内建有清真寺和东正教教堂。

4. 土库曼纳巴特市

土库曼纳巴特市坐落在阿姆河左岸，为列巴普州首府，气候属于强烈大陆性气候，夏季炎热，7 月份平均气温为 32.2 ℃，冬季较温暖一些，最寒冷的月份是 1 月份，年降水量为 70~120 毫米。土库曼纳巴特市人口为 25.3 万人（2010 年数据），居民以土库曼族为主，其次为俄罗斯族、乌兹别克族，是土库曼斯坦第二大城市。

该市地处交通要道，为土库曼斯坦境内的重要交通枢纽。城市旧称"查尔朱"，在波斯语中是"四通八达"的意思。M37 公路干线穿过该市，该市经过公路交通网络可以与国内各州和中亚许多重要城市相连。土库曼巴希—塔什干铁路穿过该市，土库曼纳巴特市是该铁路上重要的铁路枢纽站。同时，阿姆河流经土库曼纳巴特市，从土库曼纳巴特市到阿姆河河口可以通航。土库曼纳巴特市机场开通有至阿什哈巴德、土库曼巴希、达绍古兹、马雷、巴尔坎纳巴特的航班。历史上，这里是丝绸之路上的要地。

目前，土库曼纳巴特市是全国最大的石油提炼与加工化工基地。此外，这时还拥有丝织联合企业、过磷酸钙厂、船舶修理厂、机修厂、家具厂、制药厂、建筑材料厂、毛纺厂、轧棉厂、缝纫厂、针织厂、制鞋厂、卡拉库尔羊皮加工厂、葡萄酒酿造厂等工业企业。土库曼纳巴特市有6个俱乐部、4个电影院、3座体育场，有多所学校、医院等教育保健机构。土库曼纳巴特市的旅游资源也很丰富，城外还有阿斯塔纳-巴巴古建筑群、阿拉姆别尔达拉陵墓、达亚哈腾驼队客栈和阿姆利-查尔朱古城堡遗迹。此外，城东南方向70千米处的卡拉库姆沙漠中还有著名的雷佩克自然保护区。

5. 马雷市

马雷市位于穆尔加布河口处的绿洲上，卡拉库姆大运河从城市南部环绕流过，城市旧称为"梅尔夫"，现为马雷州首府。气候属于强烈大陆性气候，年平均气温17.1℃，年平均空气湿度为41.8%，降水量为100~300毫米。马雷市人口为12.4万人（2010年数据），主要民族有土库曼族、俄罗斯族、阿塞拜疆族、鞑靼族、阿美尼亚族等。马雷市是土库曼斯坦重要的工业城市，是国家重要的能源核心城市和化工城市。这里除了拥有大型天然气开采与处理加工企业以外，还有全国最大的热电站。马雷尿素厂是全国最大的现代化化工企业，它们均是以本州的原料进行生产。此外，马雷市还有机械制造厂、汽车修理厂、金属加工厂、建材厂、桑蚕养殖育种厂、棉纱厂、羊毛初加工厂、轧棉厂、制革厂、家具厂、缝纫厂、地毯厂、乳品厂、肉类加工厂、食品糖果厂等。马雷机械制造厂生产的大功率抽油离心泵出口到世界上20多个国家，其在独联体内享有名气。

马雷市地毯制造艺术和工艺，不论是手工制艺术，还是机械制工艺，均是马雷市民的骄傲。这里生产的地毯种类和样式最齐全，有纹路和颜色相互区别的四大系列地毯即贴金族地毯、萨洛尔族地毯、伊奥姆德族地毯和埃尔萨尔族地毯。现今的马雷州梅尔夫绿洲是全世界著名的贴金地毯制造的故乡。这里的公路、铁路、河运、空运四通八达，是土库曼斯坦的重要交通枢纽。新建的公路客运站每小时可以接纳500名乘客，机场跑道长3 500米，可以起降400吨位的大型飞机。此外，马雷市还有2个军用机场。

马雷市设有土库曼斯坦国家能源学院，有师范专科学校、医学专科学校、音乐学校、艺术学校、青少年体校、少年科技站等多种教育机构，建有博物馆（其收藏了大量的土库曼文物、地毯、民族服饰和银器）、电影院、话剧院、图书馆、文化宫、梅尔夫体育场等文化设施，拥有著名的梅尔夫足球俱乐部。马雷市尼亚佐夫医疗中心和马雷妇幼保健院在土库曼斯坦全国都是很有名气的医院。附近有大量古代文化遗址，比如在城西30千米处的古城镇遗址群——古梅尔夫国家历史文化公园。2012年独联体国家元首非正式会议授予马雷2012年"独联体文化之都"称号。

第四节　多彩文化

在汗血马的故乡土库曼斯坦，农牧民保持着祖祖辈辈沿袭下来的生活方式。700多年前，马可·波罗这样描述他们的生活：由于靠牛羊为生，土库曼人在山上和草原上游牧，哪里草好就到哪里。他们身穿皮衣，住毡房或皮子搭成的房屋。他们会编织世界上最美丽精致、最高级的地毯，还会织出深红色和其他色彩艳丽的丝绸和布匹。

土库曼人善于编织地毯，织毯业在土库曼斯坦拥有悠久的历史。早在2 000多年前，土库曼人就已经编织出"帕地亚-帖金"地毯。土库曼斯坦的地毯用卡拉库尔优质细羊毛编织，以美丽的图案和色彩以及精湛的工艺誉满全世界，畅销50多个国家，曾很多次在国际展览会上获得金奖。1996年1月在德国汉诺威举行的世界博览会上，土库曼斯坦的地毯展馆吸引了众多的观众。独立以后，土库曼斯坦的民族织毯业发展迅速，每年生产140万平方米的纯毛和半毛地毯及各种毯帘、毯袋和跪毯等日用品。这些产品除了满足国内需求外还出口到国外，为土库曼斯坦换取外汇。1993年，土库曼斯坦政府在首都阿什哈巴德市中心修建了土库曼斯坦国家地毯博物馆。馆内陈列着不同时期各种图案的地毯和挂毯共1 000余件。地毯是土库曼人的骄傲，也是民族的象征，体现了土库曼民族的审美观。土库曼民族的各个支系都有自己独特的地毯纹饰。土库曼斯坦的国旗和国徽上都有地毯的纹饰。而且，每年五月的最后一个星期日是土库曼斯坦的地毯节。

土库曼斯坦的地毯有不同的图案和形状，代表传统与现实，也代表不同地域或部族。以代表土库曼斯坦五个州的标志性地毯为例，北部达绍古兹州的地毯带有雪花的形状；巴尔坎州地毯中会出现船只、船锚、海浪等，因为那里靠近里海；位于沙漠腹地的马雷州地毯会出现蛇；列巴普州则织上了象征土库曼人传统毡帐待客的图案；阿哈尔州会出现12只鸟分布在四个区块中的景象，代表了12个月和一年中的四季更替，同时深浅色差的存在意味着白天与黑夜的交替出现。每年 5 月，阿什哈巴德市都会举办隆重的地毯展览节。如土库曼俗语所言：宝马是我们的翅膀，地毯是我们的灵魂①。

土库曼斯坦的文学整体上可分为民间文学和书面文学两部分。民间文学是土库曼斯坦祖先留给后人的一笔宝贵遗产，它保留了印度、伊朗及突厥源头的特色，内容上丰富多彩，以动物、神话、日常生活等题材居多，形式上主要为叙事诗体裁，皆朗朗上口。其中文学成就最大的应是"壮士歌谣"，与之有关的传说现在仍在土库曼斯坦民间流传，深得人民群众喜爱。"壮士歌谣"可分为"英雄"和"浸湿"两种风格。

浪漫题材的"壮士歌谣"多是对东方中著名故事的改编，其中较有代表性的作品是《雷利和梅和季嫩》《尤苏夫和茹哈雷》等。由于民族历史形成的特殊环境，土库曼斯坦文学长期以来主要都是口头传播的，因此在 20 世纪 20 年代前，即使是土库曼斯坦民间文学中成文的作品也与口头创作的作品区别不大。

民间文学讲述的多为发生在封建可汗制度下的事，具有传统的叙述结构和固定的形象体系，适于说唱表演。作品中抒情部分往往与诗歌、歌曲相交替，由讲述人在都塔尔琴的伴奏下娓娓道来。

18 世纪下半叶到 20 世纪初是土库曼文学的发展壮大时期。这一阶段，土库曼文学作品中的宗教内涵逐渐被民族、爱国精神所取代，涌现出大量的爱国主义诗篇，文学创作所用的语言也逐渐向通俗易懂、大众化的方向转变。这一时期还出现了辩论体和书信体的作品。其中艺术上最有成就的是诗人、思想家马赫图姆库里。马赫图姆库里是土库曼文学这一发展时期最重要的人物。他的创作题材广泛，深刻反映了土库曼斯坦当时社会生活的各个层面，广泛涉及世俗、宗教、重大历史事件等内容。马赫图姆库里是土库曼古典文学和文学语言的奠基人，他第一次把民间形象化语言引入了文学。诗人安达利布、沙边志、全伊代等人的创作也为 18 世纪土库曼文学的发展做出了巨大的贡献。19 世纪土库曼诗人创作的主要体裁是抒情诗，其代表人物为莫拉涅比斯，他的抒情诗《佐赫雷和塔希尔》借用了中亚广为流传的神话情节，非常著名。塞季和泽利利也是 19 世纪著名的诗人，在他们的作品中社会、政治的主题更为显著，甚至在抒情风景诗中也是如此。叛逆诗人凯米涅是 19 世纪土库曼文坛民主倾向最突出的代表，他在自己的社会讽刺诗中反映了劳动人民对连绵的战争所带来

---

① 中国驻土库曼斯坦大使馆."地毯王国"土库曼斯坦［EB/OL］.(2017-12-15)［2022-06-22］.http://tm.china-embassy.org/chn/tgly/t1519612.htm.

的苦难的不满。凯米涅的追随者拜拉姆·沙希尔及基奥尔莫尔、莫拉穆尔特等都以传统的民间诗体讽刺作品来嘲笑当权者，抗议社会的不公。

"十月革命"后，土库曼文学进入了一个全新的发展时期。除上述老民间诗人继续创作并以诗歌来歌颂社会主义建设外，又涌现出了一大批新兴作家。同时，在苏俄文学的影响下，土库曼文学中出现了小说、戏剧、散文等新的创作体裁。新出现的作家中，凯尔巴巴耶夫最为著名。他是土库曼苏维埃文学的奠基人之一，其作品对土库曼苏维埃文学的发展有着巨大的影响。卫国战争时期，"苏维埃战士的功勋"成为文学的主调。萨利赫的诗特别受欢迎。纳塞尔利创作了长诗《中尉之子》《勇气》，凯尔巴巴耶夫创作了中篇小说《库尔班·杜尔德》，塞特利耶夫创作了诗歌《他们为祖国而死》《佩肩章的姑娘》，阿利耶夫创作了诗歌《斯大林格勒》，萨雷汉诺夫创作了短篇小说《命运》。20 世纪 50 年代的文学主题是和平生活、民族友谊及国际团结等。戏剧创作进一步发展，涌现出了《阿兰的家》《银烟盒》《牧人之子》《贾罕》等著名剧本。20 世纪 60—70 年代文坛为长篇小说时代，这一时期出现了一系列长篇小说，如《草原居民》《黑色商队》《硅石》《命运》《暴风雪》等。苏维埃时期有近千种其他加盟共和国作家的著作和 200 多部外国作品被译为土库曼语，有 300 多种当代土库曼作家的著作在国外出版。

今天，许多土库曼作家的创作已形成了自己鲜明的特色，他们的作品以现实性强、情节冲突尖锐、构思深远、人物性格突出、结构匀称等特点受到广大人民群众的热爱。土库曼文学踏上了多民族、多样化的轨道，并且已经逐渐走向成熟。

土库曼境内发现最早的有关音乐的记载可追溯到公元前 2—3 世纪。古尼撒城废墟中找到的象牙制杯上刻画有奏乐人，其乐器近似于古希腊的萧、基法拉琴和里拉琴。6 世纪起，土库曼音乐开始逐渐形成。最早的民间音乐家是巴巴干姆特夫。12 世纪、13 世纪初，音乐处于艺术繁荣时期，其后蒙古人的入侵使土库曼音乐发展一落千丈。而在民间，音乐创作仍然继续发展，并于 18—19 世纪形成了一定的规模。音乐形成中艺术成就最高的是"巴合西"，以民族诗人的作品为词的歌曲也很流行。苏联时期，土库曼斯坦出版了《土库曼音乐》专著，交响乐、歌剧、话剧等有了一定的发展。土库曼民族的宗教信仰禁止跳舞，"十月革命"前，土库曼在舞蹈艺术方面一片空白，戏剧方面的情况也是如此。"十月革命"以后，土库曼的舞蹈、戏剧艺术从无到有，取得了飞跃发展。土库曼斯坦民间音乐充满了古朴的西域大漠情调，乐曲演奏上混合了中亚传统木卡姆、吉普赛风格，也隐含有少量雅利安系的印度—巴基斯坦元素，某些部分很接近阿富汗音乐。土库曼斯坦民间乐器有72种，其中打击乐器极少。民间乐器最为著名的是都塔尔、格加克、管乐器戈布兹、吹奏乐器基利-土伊杜克等。土库曼民歌的特点是，歌手演唱的时候声带高度拉紧、声音高亢洪亮，跟沙漠草原上的游牧土库曼人说话声音大的特点很匹配。

如今的土库曼斯坦，"巴合西"艺术与时俱进，内容不断丰富，给听众留下了广阔的想象空间。都塔尔依然领衔国内乐坛，都塔尔曲目也得到了丰富和发展，不仅演奏国内的音乐，还演奏世界其他民族的经典乐曲。土库曼人在遥远的古代，信仰萨满教。在土库曼语中萨满被称为"巴合西"，据语言学家考证，"巴合西"源自古代汉语，是"博士"一词的音变，因为在古代萨满被认为是博学多才的人。土库曼人在一千多年前和其他中亚民族一起改信了伊斯兰教，但和萨满教有联系的民间音乐遗产并没有因此而消失，而是通过"巴合西"们代代相传并不断丰富，一直传承至今。今天土库曼人把民间音乐家称为"巴合西"，而土库曼的传统音乐，也多由"巴合西"们进行表演，因此"巴合西"在土库曼的传统音乐文化中占有极为重要的地位。"巴合西"也是一种在都塔尔伴奏下的说唱艺术表演形式，通常是艺人在都塔尔的伴奏下边说边唱，演绎古典题材的歌谣。"巴合西"艺人在土库曼斯坦备受人尊重，且享有特殊的荣誉。"巴合西"艺人居无定所，走村串户，伴着歌声各乡游荡。他们每到一个新的地方，那里的人们就会提前做好迎接工作，如提前想好座谈的问题、安排好表演场地、准备好招待食物等。他们会在表演场所的平地上铺上地毯，场地中央要架起篝火，照亮会场，在距离篝火不远处，要摆上一条长布，在其上放置各种水果、甜食及其他招待食品。来看"巴合西"的观众最多时可达2 000人。

"巴合西"艺人身着特殊服装：厚棉长袍，传统的白色和黑色的土库曼扁圆柱形长毛羊帽，白衬衫，软皮的靴子和宽腿的裤子。他们喝自带的水，所用餐具自备，从不离身，走到哪里就带到哪里。"巴合西"一般从晚上五六点开始唱，到第二天上午八九点结束。每隔两小时幕间休息一次。在休息时间里，艺人喝茶，与人交谈。熟悉艺人习惯和风格的助手一直陪伴、伺候艺人。在感伤的都塔尔音乐声音伴奏下，艺人的高亢、有力、富有变化的歌声贯穿了整个夜晚。

乐舞是早期的音乐表达形式，土库曼民族乐舞最能连缀古丝绸之路上各种乐舞文化历史沧桑，是古丝绸之路上多种乐舞种类的"音乐舞蹈之源"。盛大的婚礼乐舞最为世人称道，土库曼的婚礼乐舞场面朴实自然，演员约30余人，男女老幼从四处进入场内，欢悦尽情，感应互动。在婚礼乐舞的不同段落，你中有我，我中有你，歌舞的气场兴奋活跃，体现出一种内在的张力和聚合力。递次渐进、四面聚集、高潮迭起、忘情投入的激动欢乐景象，有着明显的草原民族的特点，好似一次"逐草而居"的草原集合，更像一场欢庆胜利的盛大聚会，迎接新生命诞生的隆重仪式。

婚礼乐舞所揭示的情节与结构，与北丝绸之路上的新疆、中亚、西亚甚至北非流行的类似我国十二木卡姆中"赛乃姆"程式化的乐舞过程非常相近。各段落间起承转合，方整得体。在婚礼乐舞程式化进程中，完整地表达了婚礼场面中的情节、人物、事件、时间的戏剧性关系。与通常歌、舞、乐三位一体不同的是，其舞动节奏，手风琴的乐声，巴合曼的高歌，女长者的诗祈，使婚礼乐舞在民俗的多声部音乐交汇，舞乐调度的多重叠置、繁复喧闹的交错音画中，多出了一层口语韵白似的诵经咒唱，这些成就了土库曼民族乐舞独有的歌、舞、乐、诗四位一体，在丝绸之路的乐舞展演中独树一帜。婚礼的乐舞者在旋转中打响指、踩脚步、跃腾空、旋扫腿，跃动队形高低有致。这种婚礼乐舞之乐，有别于欧洲古典音乐，它的音乐织体布局并未固定在某个自然音阶体系上，由于众多声部在"巴合曼"音调上的叠置、混成，其余声部都带有即兴随意之性质，这些即兴乐舞都能在此与乐舞融合得天衣无缝。民间乐舞之琴，就此天造地筑。

土库曼乐舞之舞，强调上天翱翔、下地颤动的肢体两极走向，与流行于中亚丝绸古道诸国的轮舞一样，已达到随心所欲、娱人煽情的乐舞社会化的境界。它们是土库曼人对相同生活及生命的认同，更是传统土库曼斯坦国民族乐舞文化复苏的一次回归。土库曼斯坦与乌兹别克斯坦、哈萨克斯坦、阿富汗、伊朗等中亚内陆国家毗邻，是一个融合了多民族乐舞艺术的新兴独立国家，今天的土库曼乐舞风采就在于凝聚了多个民族的乐舞精华，形成了今天的土库曼民族乐舞的气质风范，是土库曼民族婚礼乐舞的精髓。

土库曼人喜欢的乐器有都塔尔、格加克。都塔尔是一种拨弦乐器，在土库曼斯坦等中亚国家很受欢迎，琴身木制，瓢形，琴杆长，有大小两种，共二弦，按四度琴关系定弦，适合男女弹奏。演奏时或拨或挑或扫，右手五指并用，缺一不可。这种乐器音色柔美，可用于独奏，也可与手鼓、笛一起为歌舞伴奏，音量小。格加克是一种最普遍的土库曼拉弦乐器，其与都塔尔最大的区别是使用小弓子弦尔，其声音尖细，丰富多彩，被称为"东方的小提琴"。格加克很少作为独奏乐器，主要用在合奏上。戈布兹是一种自古以来深受土库曼女性欢迎的民间管乐器。按照传统，总是一些妇女聚在一起，演奏戈布兹，歌唱古老的"乌祖克拉尔"传说中的"利亚拉"的故事。尽管现代的戈布兹由金属制成，但经典的传统戈布兹多是木质和骨质的。基利-土伊杜克是一种民间吹奏乐器，类似乌兹别克斯坦、塔吉克斯坦民间的苏尔纳伊管。按照音乐理论家的定义，基利-土伊杜克是所有管乐器的祖先，其在不同民族那里有不同的称谓。在土库曼，其在古时候被称为"牧羊人的号角"，不仅是沙漠牧民享乐乐器，同时也是服饰佩戴的一种装饰。基利-土伊杜克通常广泛用于民间团体表演，在民间有很多演奏大师。

土库曼斯坦的传统民族风情十分浓郁。服饰方面，土库曼男子喜爱东方式长袍，领口精心修饰的长衬衫和肥大的裤子。夏天戴绣花小帽以遮骄阳；冬天戴黑色、白色和褐色羊皮缝制的高帽。在高温的沙漠地区，戴这种帽子冬暖夏凉，也是巴黎和莫斯科美女们的一种装饰。现在，土库曼男子大部分穿现代城市服装，在节庆期间人们会身着传统服装。

土库曼女子往往穿着长及脚踝、领口精心绣花的长裙。土库曼姑娘喜爱戴头巾、编辫子并在发梢缀有各种装饰。姑娘们通常用红色、绿色、紫色和蓝色等鲜艳的衣料缝制服装，在冬春季爱穿东方式长袍。土库曼斯坦新娘的装饰以独具特色和纷繁复杂著称，通常这些饰物用金、银、铜、铁等金属打造，其中较为重要的饰物有头饰、额饰、发饰、胸饰、腕饰和戒指。新娘的服装为东方式的丝绸长袍，还佩着避邪用的三角香囊，上面通常写有诗句或格言，用皮革和丝绸制成。

土库曼姑娘戴在身上的首饰很多，通常加起来有几千克重。在婚礼场合，可以见到很多佩戴上千克珠宝饰物的妇女。

按照土库曼人的习惯，吃饭时在地毯上铺一张饭单，然后把食物放在饭单上，用餐的人围坐在饭单周围。现在，随着生活方式的逐渐转变，土库曼人也越来越多地使用餐桌。土库曼人吃饭时有一种习惯，在饭桌上吃饭的客人只要不起话头，主人就不会向客人提问题，因为他们认为应该让尊敬的客人吃饱饭后，由客人先谈话，这是一种礼貌。在交谈中，土库曼人不会打断对方的谈话，他们认为沙漠喜静，因此在谈论问题时从不大吵大嚷，认为吵闹是不体面的行为。因此，在这里很难见到打架和斗殴，就连吵架和红脸的情景都极难见到。土库曼斯坦的治安环境非常好，那里也很安静，无论白天还是晚上，基本上听不到人们大嗓门的说话声，更不用说骂街声了，当然，每天早晨会听到公鸡的叫声。阿什哈巴德的地面十分干净，清洁工每天早晨4点钟就开始打扫，到晚上8点多钟还可见到他们在清理绿地。因此，在土库曼斯坦生活和工作，皮鞋一个星期不擦照样锃亮。

在土库曼人家里，在最明显的位置上，往往摆放着被咬掉几口的面饼，这一古老风俗意在缅怀那些出征而未能返家的亲人们。在孩子出生、剃下第一束胎发、孩子命名、子女结婚等重要日子，土库曼人往往要聚在一起以示庆祝。婚礼对土库曼家庭来说是盛事。按传统，男方的父母要携带礼品去女方家拜访，如果双方父母都比较满意，就要把礼品留下来并开始商量婚期。时下的年轻人结婚往往用鲜花和彩带装饰的车队载着亲朋好友在城里兜风以示庆祝。

游牧的土库曼人居住在被称为"卡拉奥伊"（土库曼语意为"黑屋"）的毡房里。而居住在城市和农村的现代土库曼人则有着砖瓦和混凝土结构住宅。传统的土库曼住宅门总是朝着麦加的方向。住宅内铺着地毯，墙上有挂毯和装衣物及其他物品的口袋和挂包。土库曼人喜欢吃奶制品，肉食品、面粉制品、馕和羊肉汤。在土库曼人家，经常可以吃上肉汤泡馕，抓饭、烤羊肉、馕、馓子、包子和各种干果。在夏天，土库曼人喜欢喝消暑的酸骆驼奶。

土库曼斯坦国家法定节假日主要有新年、国际妇女节、春节（诺鲁孜节）、宪法日和国旗日、独立日、纪念日、国际中立日，以及每年通过总统令公布具体日期的古尔邦节和肉孜节。

此外，还有一些不提供休息日的节日，如祖国捍卫者日、外交工作者日、化学工业工人日、世界卫生日、1941—1945 年伟大卫国战争胜利日、阿什哈巴德市日、地毯节（5 月最后一个星期天）、国际儿童节、世界自行车日、世界环境日、科学日、知识和学生青年日、国际老年人日、海军日、卫生和医疗工作者日、工业工人日（10 月的第三个星期天）、丰收节（11 月的第二个星期天）、石油天然气行业工人日和地质学家日、第一任总统纪念日等。

第二章　政治制度与外交

土库曼斯坦独立后，采取了与众不同的国家管理模式。在沿袭独联体国家常见的总统制度的同时，确立了永久中立国的独特地位。这一选择保障了国家能在复杂多变的周边环境下规避诸多难题的袭扰，为国家独立后的顺利发展奠定了基础。

第一节　宪法与政治制度

一、宪法

1992 年 5 月 18 日，土库曼斯坦通过第一部宪法，规定国家为民主、法制和世俗国家，实行三权分立的总统共和制，总统是国家元首和最高行政首脑，"是最高公职人员，是民族独立、领土完整、维护宪法和国际协议的保障"。总统须由在土库曼斯坦境内居住、年满 40 岁以上的土库曼族公民担任。总统的产生由全民直接选举完成。人民委员会为国家最高权力的代表机关，国民会议和法院分别代表国家最高立法权和司法权。1995 年，土库曼斯坦修改宪法，将永久中立国地位写入宪法。1999 年 12 月，土库曼斯坦再次修改宪法，对宪法中有关人民委员会、议会职能的条款进行修改和补充，明确规定尼亚佐夫作为首任总统，其任期无时间限制。2003 年，土库曼斯坦通过第二部宪法，规定人民委员会为常设最高权力代表机构，设立主席一职，同时规定总统当选年龄不得超过 70 岁。2006 年 12 月 26 日，土库曼斯坦修改宪法，规定总统候选人年龄在 40 至 70 岁，总统因故不能行使职权时，根据国家安全会议决议，任命一位副总理临时代理总统职权。2008 年 9 月，土库曼斯坦通过第三部宪法，取消人民委员会（2017 年 10 月重新恢复），将其权力划归总统和议会。2014 年修订后的宪法首次增加经济与信贷章节，阐述土库曼斯坦经济的市场关系原则，明确土库曼斯坦的金融信贷与预算和银行体系，增加了土库曼斯坦货币单位的规定，体现了本国货币的宪法象征意义①。2016 年 9 月，土库曼斯坦修改宪法，取消总统候选人年龄上限，将总统任期由 5 年延长至 7 年。2017 年土库曼斯坦取消长老会，重新组建人民委员会作为国家制定大政方针的最高机构，总统库尔班古力·别尔德穆哈梅多夫担任人民委员会主席。2020 年 9 月，土库曼斯坦又一次修改宪法，决定将议会由一院制改组为两院制，规定总统因故无法履职且尚未选举产生新总统前，由人民委员会（新议会上院）主席代为履行总统职权②。

土库曼斯坦宪法赋予了总统很大的权力，由此也确立了总统的领袖地位。独立至今的历任总统很好地践行了为人民服务的目标，民众对现实生活的满意度较高，对总统的崇拜油然而生。

土库曼斯坦的总统拥有管理国家所需的几乎所有重要权力：在国内政治方面，总统必须确保宪法与法律得到有效准确的贯彻执行；在外交方面，总统制定并实施国家对外政策，在对外交往中代表土库曼斯坦行使权力，并决定和任命驻外使领馆人员；在武装力量方面，总统是国家最高武装力量统帅，可以任命武装力量高级指挥人员，在国家受到外来威胁和侵犯时，可以下达有关全民总动员或部分动员以及动用国家武装力量的命令；总统还通过国家安全委员会全面保障国家的安全；在经济领域，总统负责国家全面经济活动，掌管国家预算，并对国家经济执行方向具有绝对权力。在制定法律与任命政府主要领导人员方面，总统更是全权负责，随时根据国家需要，调整政府人员构成。当然，总统还能根据特殊需要，决定实行赦免或发布在全国具有强大约束力的命令、决定和指示。

土库曼斯坦的总统权力是不可侵犯的。鉴于该国曾经出现过尼亚佐夫总统突然病逝的情况，因此，土库曼斯坦的法律明确规定，总统因病不能履责时，议会也可以解除其职务，或者在新总统选出之前，由议长代为行使总统职权。土库曼斯坦法律还规定，在总统违反宪法或法律时，人民会议可以提出对总统的不信任案交人民表决。只是这种情况属于非常不易发生的特例。

土库曼斯坦议会的主要职能是通过、修改和解释国家的宪法、法律，监督其执行，确定总统与议会选举的时间，通过内阁工作纲领，批准国家预算等。2018 年选举产生了第六届国民议会，共有 125 名议员，包括民主党议员 55 人，工业家和企业家党议员 11 人，农业党议员 11 人，其他社会组织和公民团体议

---

① 商务部对外投资合作国别（地区）指南：土库曼斯坦（2022 年版）.
② 国家国际发展合作署. 土库曼斯坦国家概况［EB/OL］.（2023－04－05）［2023－05－22］. http://www.cidca.gov.cn/2023－04/05/c_1211964619. htm？eqid＝8ff3eee500024f2d000000026476f5a1.

员 48 人。议员任期 5 年，国民会议主席为马梅多娃。

马梅多娃·古丽莎特·萨赫依耶芙娜，1964 年 10 月出生于阿什哈巴德市，土库曼族。她曾经担任过报社技术员、中学教师、校长、电台编辑、教育局局长、部长、国民会议议员、副总理、国民会议专家委员会主任专家、国民会议主席等①。

议会设保护人权和自由委员会，立法与法规委员会，经济问题委员会，社会政策委员会，科学、教育、文化与青年政策委员，环境保护、自然资源利用与农工综合体委员会，国际与议会间交流委员会和地方政府与自治机构工作委员会 8 个委员会。

2020 年 2 月，土库曼斯坦修宪委员会公布了新的宪法修正案，规定土库曼斯坦议会的新名称——国家委员会。国家委员会由人民委员会（上院）和国民会议（下院）组成，行使立法权。2020 年 9 月，土库曼斯坦再次通过宪法修正案，决定自 2021 年 1 月 1 日起实行两院制。2021 年 3 月 28 日，土库曼斯坦人民委员会（上院）举行首次选举，库尔班古力·别尔德穆哈梅多夫总统当选人民委员会（上院）委员，4 月 14 日，库尔班古力·别尔德穆哈梅多夫总统当选人民委员会（上院）主席。议会上院共有 56 名委员，由首都阿什哈巴德和阿哈尔、巴尔坎、达绍古兹、列巴普和马雷五个州分别选举产生 8 名委员以及总统直接任命的 8 名委员组成②。

1995 年 12 月 12 日，联合国通过正式决议，承认土库曼斯坦永久中立国地位。联合国大会《土库曼斯坦的永久中立》决议规定，承认和支持土库曼斯坦宣布的永久中立地位；号召联合国各成员国尊重并支持土库曼斯坦的永久中立地位，同时尊重其独立、主权与领土完整③。

土库曼斯坦选择永久中立，与独立之初复杂的地区地缘政治、经济形势密不可分。在当时的条件下，选择永久中立，可以为土库曼斯坦赢得更多的发展空间和机遇，在保持中立的前提下，维护国家主权和独立，摆脱外界干扰、干涉、渗透，营造良好的国家发展环境。

丰富的自然资源是土库曼斯坦选择永久中立的另一个要素。选择中立道

① 中华人民共和国驻土库曼斯坦大使馆. 土库曼斯坦国民会议主席马梅多娃简历 [EB/OL]. (2018 - 03 - 30) [2022 - 06 - 25]. http://tm. china - embassy. org/gqzl/tkmstzyjl/201804/t20180403_1460791. htm.

② 国家国际发展合作署. 土库曼斯坦国家概况 [EB/OL]. (2023 - 04 - 05) [2023 - 05 - 22]. http://www. cidca. gov. cn/2023 - 04/05/c_1211964619. htm? eqid = 8ff3eee500024f2d000000026476f5a1.

③ 贝里. 土库曼斯坦与中国双边经贸关系及其前景 [D]. 武汉：华中师范大学, 2012.

路，使得土库曼斯坦不需要依赖外部力量，得以走本国特色的独立发展道路，同时，丰富的自然资源为土库曼斯坦独立自主的国民经济发展奠定了优越基础，中立政策有助于保护和发展土库曼斯坦的特色自然资源，建构独特的经济体系。

永久中立还为土库曼斯坦赢得了独善其身的机会。土库曼斯坦可以免于卷入地区纷繁复杂的政治、军事、社会纠葛中，维护了国家稳定和平，可以依据自身需求有选择地发展合作伙伴，建立起自己的国际合作战略和原则。

二、历任总统

土库曼斯坦独立至今，一共经历了三任总统：

萨帕尔穆拉特·阿塔耶维奇·尼亚佐夫：土库曼斯坦开国总统。

1940年2月，尼亚佐夫出生于土库曼斯坦首都阿什哈巴德市郊，土库曼族。尼亚佐夫的父亲在卫国战争期间阵亡。在1948年10月阿什哈巴德大地震中，尼亚佐夫又失去了自己家庭的所有亲人。在孤儿院长大的生活经历帮助尼亚佐夫在国家独立后的总统竞争中，处于相对独特的优势地位。

尼亚佐夫1967年毕业于列宁格勒工学院，获得政治学和经济学博士学位。苏联时期，尼亚佐夫担任了土库曼加盟共和国部长会议主席，并于1985年12月当选土共中央第一书记。这为其日后成为独立的土库曼斯坦国家首任总统奠定了基础。

作为土库曼斯坦的首任总统，尼亚佐夫执政之初就把保持政治稳定作为第一要务。按照尼亚佐夫总统的观点，没有政治稳定，就不可能有社会的稳定和经济的发展。1992年12月，土库曼斯坦出台了《十年稳定纲要》，确定了土库曼斯坦在政治、经济、军事、外交、文教和卫生等诸多方面的发展任务和方向。土库曼斯坦政府将稳定政局放在首位，主张在注重社会保障的前提下，稳步分阶段进行改革，避免出现社会动荡；重视民族团结与和睦，提倡民族复兴精神；宗教信仰自由，但不允许宗教介入政治。

为保持政治稳定，尼亚佐夫执政期间不断加强自身的权力与威望。根据宪法，尼亚佐夫总统身兼人民委员会主席、内阁总理、军队最高统帅、民主党主席等职，几乎所有权力集中于一身。几乎全国所有的事务，事无巨细必亲自过问。尼亚佐夫此举有助于牢牢掌握住国家政权，确保国家独立后顺利实现平稳过渡，建立起符合本国特色及发展需要的政治制度。

为保持政治稳定，土库曼斯坦经济市场化改革的推进缓慢。尼亚佐夫总统一方面对国民经济实行高度管制，严格限制私有化的广泛推行，另一方面对人民实行高福利、高补贴政策。根据《十年稳定纲要》，1993 年 1 月 1 日起，土库曼斯坦免费为公民提供天然气、电力、饮用水、食盐、医疗保健和教育机会，免费为在校学生提供午餐。到 2020 年以前，土库曼斯坦公民都可享受这种免费待遇，并向低收入居民低价定量供应面粉、肉类、黄油、食糖等基本食品，同时在住房、交通、通信方面也为居民提供各种福利。为改善居民生活条件，政府不但多次调整和提高居民工资、助学金与退休金，而且还提供住房低息贷款并计划提供免费通信服务。在尼亚佐夫总统去世前一个月，即 2006 年 11 月 2 日，他又签署了一项命令，授权土库曼斯坦商业银行——"总统银行"向本国公民发放 15 年期的住房抵押贷款，贷款年利息为 1%，偿贷宽限期最长可至 5 年。

在高度集中的政治经济体制和高福利政策下，土库曼斯坦政局一直比较稳定，社会治安较好。20 世纪末始，随着国际能源价格上扬，土库曼斯坦经济呈现出较快发展势头，尼亚佐夫总统因此深得人民群众的拥护和爱戴。尼亚佐夫总统在位期间，地位十分稳固，享有很高的威望。尽管在多年的权力争斗中产生了一些反对派，但是这些反对派势单力薄，对政权并没有构成现实威胁。

2006 年 12 月 21 日，尼亚佐夫总统因心脏病突发去世，享年 66 岁。

库尔班古力·别尔德穆哈梅多夫：土库曼斯坦第二任总统。

2006 年 12 月 21 日，尼亚佐夫总统突然辞世，国际舆论对土库曼斯坦政局能否平稳过渡产生了各种担忧，但得到土库曼斯坦强力部门支持的副总理、卫生部部长库尔班古力·别尔德穆哈梅多夫顺利当选总统，并组建了新一届政府。新政府基本保留了尼亚佐夫时期的政府官员，尤其是强力部门的领导人全部留任，显示出政权的继承性和连续性。

库尔班古力·别尔德穆哈梅多夫总统 1957 年 6 月出生于阿什哈巴德州，为土库曼族。毕业于土库曼斯坦国立医学院口腔系，为医学博士。1979—1997年，别尔德穆哈梅多夫就职于土库曼斯坦卫生和医药工业部，1997 年 12 月出任卫生和医药工业部部长，1998 年 6 月兼任尼亚佐夫国际医学中心总经理，1999 年 6 月兼任国立医学院代理院长。2001 年 4 月担任国家副总理兼卫生和医药工业部部长[1]。

2006 年 12 月尼亚佐夫总统突然因病去世后，根据土库曼斯坦国家安全委员会和内阁决议，别尔德穆哈梅多夫出任土库曼斯坦代总统和武装力量最高统帅。2007 年 2 月 11 日，在土库曼斯坦全民选举中，别尔德穆哈梅多夫当选总

---

① 中华人民共和国驻土库曼斯坦大使馆. 土库曼斯坦总统别尔德穆哈梅多夫简历［EB/OL］.（2017-08-09）［2022-06-22］. http://tm.china-embassy.gov.cn/chn/gqzl/tkmstzyjl/201708/t20170809_1460775.htm.

统。2月14日，他就任总统。2012年2月、2017年2月，别尔德穆哈梅多夫总统两次分别以97.14%和97.69%高票连任。

别尔德穆哈梅多夫延续了尼亚佐夫时期的执政理念，不断强化总统地位，树立个人威望，承诺保持高福利政策。在确保稳固执政前提下，别尔德穆哈梅多夫总统审时度势，研究分析了土库曼斯坦所面临的国内外形势与重大问题，开始了循序渐进的改革进程。2008年7月23日，土库曼斯坦总统下令对现有国家体制进行重大改革。在人民委员会完成最后的使命后被撤销。人民委员会被撤销后，全部权力由总统和议会分享。政府承诺继续实行高福利、高补贴的政策，计划免费为居民供应水、电、气、盐、汽油的福利措施延长至2030年，并廉价供应粮食等生活必需品①。

执政后别尔德穆哈梅多夫总统也采取了一系列政策，逐渐掀起"非尼亚佐夫化"运动。别尔德穆哈梅多夫总统鼓励在阿什哈巴德开设一些网吧，将义务教育延长到9~10年，重新开设体育和外语课程，政府还计划在几个专门的学校开设艺术课程，下令重新开设了前总统下令关闭的土库曼斯坦科学院，号召对教育制度、医疗卫生和养老金制度进行改革，接受被尼亚佐夫解职的政府官员和非土库曼人重新返回工作岗位。

在国际舞台上，别尔德穆哈梅多夫总统采取了一系列改革措施。根据国际形势的变化，别尔德穆哈梅多夫总统提出政治多元化要求，积极推进民主政治改革，努力建立健全的民主政治制度。在国内实施多党制，在国际实施有利于土库曼斯坦国家利益的外交多元化方针，积极与周边国家和世界大国、主要国际组织建立良好关系。作为永久中立国，土库曼斯坦无法作为成员参加一些重大地区性组织的活动，但其参与国际事务的水平一直较高。在上海合作组织中，土库曼斯坦一直坚持以特殊客人身份，积极参加该组织的各项重大会议和机制建设，为区域稳定合作做出贡献。

谢尔达尔·别尔德穆哈梅多夫：土库曼斯坦第三任也是现任总统。

2022年2月12日，根据国民议会的决定，土库曼斯坦决定于2022年3月12日举行总统选举。随后，根据《土库曼斯坦选举法》第四十六条，中央选举委员会开始此次选举的各项工作。3月12日，选举如期举行，共有9名候选人参选，97.12%的选民参与了投票②。谢尔达尔·别尔德穆哈梅多夫作为民主党候选人参加了此次选举。

---

① 蒲开夫.俄罗斯和中亚国家近况[J].大陆桥视野，2011：10.
② 光明新闻.土库曼斯坦新总统就职[EB/OL].(2007-02-15)[2022-06-22].https://www.gmw.cn/01gmrb/2007-02/15/content_553709.htm.

15 日公布的结果显示，谢尔达尔·别尔德穆哈梅多夫获得的选票为72.97%。19 日，新总统就职仪式顺利举行。土库曼斯坦进入第三任领导人执政时期。

谢尔达尔·别尔德穆哈梅多夫出生于 1981 年 9 月，是土库曼斯坦原总统库尔班古力·别尔德穆哈梅多夫之子，曾担任过国家油气资源署副署长、土库曼斯坦外交部副部长、议会议员、阿哈尔州州长、工业和建筑部部长、副总理和国家安全委员会委员等职务。

2022 年 3 月 15 日，中国国家主席习近平致电谢尔达尔·别尔德穆哈梅多夫，祝贺他当选土库曼斯坦总统。贺电指出，独立 30 年来，土库曼斯坦在国家建设与民族振兴事业上取得了快速的发展，中方对此感到由衷高兴。作为近邻和战略伙伴，中土两国将以建交 30 周年为新起点，继往开来，共同努力谱写未来合作新篇章①。

三、政党

独立后 30 年的发展历程中，土库曼斯坦民主党长期作为国家政治舞台上的唯一政党力量而存在。该党于 1991 年 12 月由苏联土库曼斯坦共产党改组而成。1992 年在司法部正式登记，党员人数超 15 万人，是土库曼斯坦当之无愧的第一大党。土库曼斯坦民主党的主要宗旨是巩固国家的独立、主权与中立，建设民主、法制、世俗国家和公正社会，提高人民福利，实现社会民主化。民主党与工、青、妇等社会组织共同组成"民族复兴运动"，推动国家改革和民族复兴。2012 年 2 月，"民族复兴运动"解散。该党在全国各州、市、区设有委员会，有 5 个州委会、12 个市委会、45 个区委会设有 62 个不同层级委员会和约 6 000 个基层组织，党员数为 21.1 万人，现任民主党主席为 2018 年 4 月当选的谢尔达罗夫②。此外，政治委员会（党中央机关）设有第一书记。

谢尔达罗夫·阿塔·奥维兹涅佩索维奇 1964 年 6 月出生于阿哈尔州鲁哈巴特区亚斯曼萨雷克村，为土库曼族，毕业于土库曼斯坦国立医学院。他曾经担任过医学院讲师、药厂厂长、医药公司经理、卫生和医药工业部部长、驻外

---

① 新华社. 习近平致电祝贺谢尔达尔·别尔德穆哈梅多夫当选土库曼斯坦总统［EB/OL］.（2022-03-15）［2022-06-25］. https://baijiahao. baidu. com/s? id = 1727362883937322103&wfr = spider&for = pc.

② 商务部对外投资合作国别（地区）指南：土库曼斯坦（2022 年版）.

大使和驻国际组织代表等。2018 年 3 月任民主党副主席，4 月获选党主席①。

顺应国际环境变化与国内民主化需求，土库曼斯坦逐步实施多党制。2010 年 2 月，总统别尔德穆哈梅多夫表示，赞成建立多党制。2012 年 1 月，土库曼斯坦正式颁布关于多党制的《政党法》，允许建立除民主党外的其他政党。工业家和企业家党、农业党应运而生。

土库曼斯坦工业家和企业家党成立于 2012 年 8 月，是土库曼斯坦推动多党制建设的重要成果。在该党成立大会上，共有 300 多名来自土库曼斯坦全国各地的企业界代表参加了会议，并通过了企业家党的党章和纲领，选举产生了该党的主席、副主席、中央委员会和监察委员会成员。该党主要由民营企业家组成，是土库曼斯坦独立后建立的第二个政党，其宗旨在于为企业提供帮助支持，推动国家经济发展。工业家和企业家党的成立，是土库曼斯坦多党制度建设的重要变革，也是土库曼斯坦民主制度建设的巨大成果。对此，总统别尔德穆哈梅多夫表示，"国家将继续坚持（多党制）这一方针，多党制的逐步确立不仅有助于促进社会和谐，同时也是全国人民齐心协力实现国家繁荣富强的重要保障"②。土库曼斯坦工业家和企业家党有党员约 1.5 万人，现任党主席为 2017 年 12 月当选的萨帕尔梅拉特·奥夫甘诺夫③。

土库曼斯坦农业党成立于 2014 年 9 月，是国家独立以来建立的第三个政党。该党的建立进一步完善了土库曼斯坦多党制民主政体，为保障民众公平参与国家政治生活提供了新的平台。现任党主席为 2018 年 1 月当选的比亚什姆·安纳古尔班诺夫④。

四、政治制度

根据宪法，土库曼斯坦是一个民主、法制和世俗的国家。国家实行共和制国体和总统制政体，确立了立法权、行政权和司法权三权分立与多党制度原则。根据宪法，总统是国家元首和最高行政首脑，由全民直选产生，任期五年。立法权和司法权分属国民议会和法院。国家行政执行管理机关为内阁，由总统领导，内阁会议由总统主持。由此可见，土库曼斯坦总统实际上兼职总

---

① 中华人民共和国驻土库曼斯坦大使馆. 土库曼斯坦民主党主席谢尔达罗夫简历［BE/OL］. http://tm.china-embassy.org/gqzl/tkmstzyjl/201804/t20180408_1460766. htm.

② 资料来源：中国地质大学土库曼斯坦研究中心（https://cugtkm.cug.edu.cn/tkmst/zz.htm）。

③ 商务部对外投资合作国别（地区）指南：土库曼斯坦（2022 年版）。

④ 中华人民共和国驻土库曼斯坦大使馆. 土库曼斯坦农业党选举产生新主席［EB/OL］.（2018-01-15）［2022-06-25］. http://tm.china-embassy.gov.cn/chn/tgdt/201801/t20180117_9490405. htm.

理，这一点较为特殊。

正如第一任总统尼亚佐夫所概括的，独立后土库曼斯坦对政治体制的改革，主要是按照本国特殊国情，采取"循序渐进"的方针，"有计划、有步骤地革新原有权力机构"。土库曼斯坦的经济改革也遵循政治改革的基本原则，即确保国家政局稳定与社会发展，强调不盲目照搬他国的整体模式，以避免国家出现混乱。

1995年12月，土库曼斯坦修改了宪法，确立了国家永久中立国的地位。1999年12月，国家对宪法中关于人民委员会和议会的职能进行了修改补充，明确尼亚佐夫作为国家首任总统，其任期无限。2003年的宪法修改规定人民委员会为常设最高权力代表机构，设立主席一职，同时规定总统当选年龄不得超过70岁。2006年12月土库曼斯坦再次修改了宪法，规定总统候选人年龄为40~70岁，总统因病不能行使职权时，根据国家安全会议决议，任命副总理临时代理总统职权，取消人民委员会，国民议会成了国家最高立法机构。

内阁是土库曼斯坦行使国家权力和管理国家事务的重要机关，由总统直接领导。内阁由新总统在其就职后一个月内组建，一直工作到该总统向下一届新任总统移交权力时为止。内阁成员包括内阁副总理和部长。内阁的主要职权有：组织执行法律、总统的规范性文件和人民会议的决议；采取各种措施维护社会秩序，保证国家安全，维护公民的权利和自由；制订国家的内政和外交的基本方针以及国家经济建设和社会发展计划；对国家经济和社会发展实行管理，保证合理利用和保护自然资源；采取措施以加强货币信贷制度；执行对外经济政策，发展对外文化联系；领导政府机关、国有企业和组织的活动等。

土库曼斯坦议会也称国民议会，是国家最高立法权力机构，由各选区差额选举产生的125名议员组成，任期五年。议会主席团由议长、副议长和各委员会主席组成。议长由无记名投票产生，主持议会工作，其职务须根据议员法定人数的2/3以上票数通过的决议方能被罢免。副议长由公开投票选举产生，根据议长的委托，行使某些职权，在议长空缺或不能行使职权时代理议长。依据相关规定，总统有权提前解散议会。

土库曼斯坦的议会议员有质询权，可向内阁、部长及其他国家领导人提出口头和书面质询。议会通过例会的形式开展工作。例会每年春季和秋季各召开一次。应总统、议会主席团或三分之一以上议员的要求可以召开非正常会议。根据宪法和议会法，议会会议在法定人数三分之二以上出席的情况下即为有效。

土库曼斯坦的地方行政权力分别由州长、市长、区长等各级行政长官行使。他们作为国家元首在地方的代表，职务由总统任免，并向总统报告工作。地方行政长官要保证宪法和法律以及总统和内阁的指示命令在地方得以贯彻执行。他们有权根据需要在自己职权范围内做出决定，并督促下级管理机关付诸实施。各级行政长官对地方管理机关的活动实行领导，给内阁各部委局所属地方管理机构提供必要的支持和协助。根据土库曼斯坦《行政长官法》的规定，行政长官要做好居民的食品和日用品供应保障，居民的保健、教育和社会保障，保证居民用水、用电、用气以及提供其他市政服务，还有公共交通、城乡和居民点公用设施的建设以及社会治安等工作。

土库曼斯坦的地方自治体系由地方议会和区域社会自治机关构成。地方议会是区级市、镇和村等地方人民政权的代表机关。地方议会的成员由公民直接选举产生，任期三年。

第二节　主要政府机构①

土库曼斯坦政府（又称内阁）由总统直接领导，处于不断变化中。现政府设有 10 位副总理，38 个部委（含国家局、国家康采恩、国家协会等）。主要经济部门有：

1. 财政和经济部

财政和经济部成立于 2017 年 10 月，由原经济发展部与财政部合并而来，主要负责与国家财政和经济发展相关的政策制定与执行，包括分析和预测经济，制定和执行国家预算，制定并落实国家的经济政策、预算政策、价格政策、税收政策、金融政策、社会保障政策、劳动工资政策、保险及其监管政策，推动国有资产的私有化、管理外商投资及外资企业注册并办发许可证等，也包括打击非法犯罪收入和资助恐怖主义的行为。

2. 土库曼斯坦天然气康采恩和土库曼斯坦国家石油康采恩

2016 年年初，土库曼斯坦原油气工业和矿产资源部改名为石油和天然气部，负责国家矿产资源开发有关的国家统一政策、技术政策与发展纲要的制定，监督管理行业运行及发展的情况。2016 年 7 月，石油和天然气部被撤销，其主要职能归内阁办公厅，部分机构和企业归土库曼斯坦天然气康采恩和国家石油康采恩。此外，原总统直属的油气资源管理局负责制定与油气资源开发关

---

① 商务部对外投资合作国别（地区）指南：土库曼斯坦（2022 年版）.

联的统一法规，确定对外商签油气区块产品分成协议，并负责许可证发放、商签产品分成协议等。2016 年 7 月，油气资源管理局被撤销，其基本权力和功能交国家天然气康采恩和国家石油康采恩。

3. 贸易和对外经济联络部

贸易和对外经济联络部负责制定并执行调节国家商业和对外贸易与经济活动的政策，并进行管理，包括负责执行国家间的清算协议、政府采购、审批日常消费品贸易、管理边境贸易和国内市场行为、监督执行与土库曼斯坦有关的双边和多边经济贸易协议执行、统一协调国家对外经济贸易工作等。

4. 农业部和环保部

农业部和环保部于 2019 年 1 月在原农业和水利部、国家环保与土地资源委员会基础上组合而成，主要负责国家农业、环境与土地资源保护等。该部的主要职责为：拟定农业和农村经济发展战略、制定中长期发展规划，拟定农业开发规划并监督其实施，拟定农业产业政策并提出有关农产品与农业生产资料价格调整、关税调整、农产品流通与农村信贷、农业财政补贴等涉农领域政策建议，组织并起草与农业各产业相关的法律法规草案，组织国家生产或进口种子、农药、肥料等并实施监督，承办国家其他涉农的国际经济技术交流合作及政府间涉外农业事务等。

5. 工业和建筑生产部

工业和建筑生产部组建于 2020 年 2 月，同时撤销了原工业和交通信息部，将隶属于原工业和交通信息部的铁路运输署、公路运输民航署、通信署、海洋和江河运输署等划归内阁。工业和建筑生产部负责制定并落实工业建筑规划、生产企业的现代化改造、改善汽车等交通工具的保有情况、促进和扩大产能并增加出口。该部下设机构负责生产水泥、金属制品、非金属材料、墙体材料、玻璃、混凝土、预制板、建筑陶瓷、石膏建材，及油气设备和电子产品等。

6. 铁路运输署

铁路运输署负责拟定国家的铁路发展战略与方针政策，并制定铁路的统一规章制度，监督其执行，组织、协调并管理国家内外铁路运输，进行铁路相关建设的行业管理，组织并管理大型铁路建设项目的实施，负责国家铁路对外经济技术合作等事务。

7. 公路运输署

公路运输署负责拟定国家公路发展战略与方针政策，并制定统一的国家公路交通行业技术标准规范，负责对国家公路运输进行宏观调控，负责国家间公路交通的涉外事务，开展国际交通技术的合作交流，管理与国际组织有关的公路交通事务。

8. 通信署

通信署负责拟定国家通信行业发展战略与方针政策、监督实施总体规划，负责监督管理行业运行发展，负责统一实施通信行业许可证制度，负责组织制定并实施通信行业法律法规与相关标准，依法管理监督通信市场，监督通信行业服务质量和收费标准情况，负责国家数字经济和电子政务系统建设。

9. 海洋和江河运输署

海洋和江河运输署负责海洋和江河领域国家资产的管理并提供服务，管理国家对外能源制品的里海货轮运输。

10. 民航署

民航署负责国家国内与国际航空运输事务，开展对外航空合作交流谈判等。土库曼斯坦航空公司执行该国国际航班业务，是国际民用航空组织和国际航空运输协会的成员。

11. 能源（电力）部

能源（电力）部负责制定并实施国家的电力政策、电力领域经济改革，制定国家电力发展规划，保障居民和国民经济用电需求，组织落实国家电网与各地电站设计、建设、运行、维护等，同时负责国家电力生产供应与出口，管理电力和机械行业的对外交流合作等。

12. 国家海关总局

国家海关总局负责拟定海关工作的方针政策和法律法规，组织实施并监督海关发展规划，研究制定海关税收的征收条例与实施细则，组织实施进出境运输和货物的监管等，打击走私，开展国际海关领域的合作交流。

13. 国家标准总局

国家标准总局于1993年1月由土库曼斯坦前国家标准局、国家技术监督局和国家计委信息研究所联合而成，负责监督管理产品的质量、计量的统一性与可靠性，负责国家地下资源保护、合理利用与安全生产等的管理监督，负责对进出口（含过境）动植物商品实施检验检疫（与国家动物检疫局和国家植物检疫局一起）。

14. 纺织工业部

纺织工业部负责拟定纺织和丝绸行业发展战略、方针政策与总体规划，监督管理其运行和发展情况，组织实施相关产品的生产、销售与出口，负责相关行业对外经济合作等。

15. 国家商品原料交易所

国家商品原料交易所负责组织商品的交易活动，审查注册外资合同并协调进出口贸易，审核进出口商品的价格与交易合理性评估，对商品的生产、销售、市场需求和出口情况、价格等进行全程分析，监督检查交易所签订合同的执行情况等。

16. 土库曼斯坦中央银行

土库曼斯坦中央银行负责制定并实施国家统一的货币政策，参与国家经济状况分析预测，确定国家货币的官方汇率、保持币值稳定，组织和实施货币发行与流通，建立国家储备基金，维护信贷机构与客户账户，发行各类债券、证券，开展银行监管。

第三节　合作与友谊

截至 2020 年年底，土库曼斯坦与 149 个国家建立了外交关系，有 50 个国际组织成员，加入了 161 项国际公约和条约。土库曼斯坦在国外设有 40 个外交代表机构，在阿什哈巴德有 46 个外交使团①。

土库曼斯坦的外交政策是以《宪法》《土库曼斯坦永久中立基本法案》《土库曼斯坦作为中立国家的外交政策概念》和其他法律文本为基础制定的，既是国家内政合乎逻辑的延伸，又是联合国承认的永久中立国国际地位的体现。

土库曼斯坦外交政策主要目标是：维护和加强土库曼斯坦国家主权，增强土库曼斯坦在国际体系中的话语权和重要性；通过各种形式的外交实践，维护和落实土库曼斯坦国家利益；为国家的内部发展创造更为有利的外部条件；通过政治、外交等手段，确保国家安全；在平等互利、相互尊重基础上，与世界各国和国际组织开展建设性互利合作；确保土库曼斯坦外交政策符合《联合国宪章》和国际法基本准则要求②。

土库曼斯坦独立后，基于对当时国际形势和周边地区形势的清醒认识，选择了和平中立的外交政策。土库曼斯坦拥有的巨大的石油、天然气等能源，一

---

① 中国驻土库曼斯坦大使馆经济商务部. 土库曼斯坦总统介绍土外交成就[EB/OL].（2021-01-06）[2022-06-26].http://tm.mofcom.gov.cn/article/jmxw/202101/20210103028861.shtml.

② MINISTRY OF FOREIGN AFFAIRS OF TURKMENISTAN. Foreign policy[EB/OL].（2022-10-01）[2023-03-22].https://www.mfa.gov.tm/en/articles/3.

直是俄、美等各世界大国觊觎的对象。同时，新独立的土库曼斯坦想要发展与其他国家的关系也需要表明自己的态度与外交政策。因此，为保持国家的独立，发展与其他国家间的正常关系，提升自己的国际地位，土库曼斯坦提出了和平中立的外交政策。

1992 年 7 月 10 日，尼亚佐夫总统在赫尔辛基欧安组织首脑会议上，首次宣布要把积极中立政策作为土库曼斯坦外交的支柱。他表示，政治上的积极中立和经济上的对外开放是土库曼斯坦的基本原则。这是土库曼斯坦首次对国际社会宣布其关于中立的想法，也是土库曼斯坦中立政策的开端。随后，土库曼斯坦积极宣传和推行自己的外交中立政策，并得到国际社会的广泛认可。1995年 12 月 12 日，联合国大会通过了《关于土库曼斯坦永久中立的决议》。土库曼斯坦成为世界上第一个正式记录在案并得到联合国承认的永久中立国。

土库曼斯坦积极中立和对外开放的外交政策取得了较好的效果，在 20 多个国家设有使领馆。32 个国家和国际组织在土库曼斯坦设有使领馆和代表机构。土库曼斯坦还加入了联合国、独联体、欧安组织、不结盟运动、中西亚经济合作组织、伊斯兰会议组织、国际货币基金组织、世界银行、亚洲开发银行等 42 个国际和地区组织。

别尔德穆哈梅多夫总统上台后，巩固了国家中立的外交政策，同时，采取了更加灵活的外交手段。土库曼斯坦坚持与所有国家保持中立、友好、建设性与相互尊重的关系，积极开展与联合国和其他国际或地区组织、机构的合作，为国家更加有效参与现代世界重大问题的解决创造了有利机会。

2008 年 3 月，土库曼斯坦召开首次外事工作会议，别尔德穆哈梅多夫批准《2008—2012 年土库曼斯坦落实中立外交战略的基本方向》，提出了新形势下"周边是首要，大国是关键，国际组织是依托，推动能源出口多元化"的外交方针。土库曼斯坦发展外交的着眼点是保障能源出口和吸引外国投资，因此积极发展与俄罗斯、伊朗、阿富汗、美国、土耳其、阿联酋和中国等国的能源与经济合作。同时，土库曼斯坦坚持中立政策下的不结盟，积极致力于加强地区和平与安全，支持国际反恐机制建设和打击国际恐怖主义行动，在生态保护、应对气候变化、维护生物多样性等方面积极开展国际合作。

一、与周边国家关系

土库曼斯坦高度重视与周边国家的关系。

1. 与中亚邻国的关系

土库曼斯坦与哈萨克斯坦、乌兹别克斯坦接壤。

2021 年 8 月，在土库曼斯坦举办的中亚国家元首协商会议上，库尔班古力·别尔德穆哈梅多夫总统讲话时指出，中亚地区的稳定经济增长和负责任的和平外交政策，为该地区在国际舞台上赢得了尊重和权威。中亚国家基于睦邻友好、相互尊重、友谊情深和相近的文化历史纽带，奠定了坚实的合作基础，有助于制定和实施大规模的、长期可行的合作计划。中亚区域合作，将紧紧围绕政治、经济、社会和其他领域，确保中亚地区可持续发展，以增进人们福祉，促进国家繁荣。在能源合作和国际廊道建设上，土库曼斯坦将利用自身巨大的资源和地理位置优势，开展积极合作。在天然气供应、管道运输、电力出口等领域，土库曼斯坦将加大与中亚各国的合作力度，为中亚地区形成多变量能源空间创造条件。在扩大经济贸易合作、简化海关和移民程序、统一关税等方面，土库曼斯坦愿与其他中亚国家一起，开展密切合作，找到解决问题的办法。土库曼斯坦相信，中亚国家经济增长最重要的方面，在于发展积极的邻国关系，开展能源、运输、贸易等多领域联合项目，有针对性地拓展合作伙伴对话渠道，实施跨国跨区域的基础设施建设项目。面对疫情开展抗疫合作也将是下一阶段亟待开展的一项工作。改善中亚区域的环境状况，加强与国际机构或组织的交流，将为中亚地区的未来发展注入新的活力。

会议期间，还举办了一系列会议框架下的活动，包括中亚国家经济论坛、中亚国家产品国际展览会、中亚国家妇女对话、中亚各国美食节等。"我们正在为中亚安全、可持续的伙伴关系创造有利的政治、法律和经济条件，以满足地区对能源运营商的内部需求，并通过国际过境走廊进入世界市场。"① 会议举行了授予中亚国家元首荣誉勋章的正式仪式，以表彰塔吉克斯坦总统拉赫蒙在发展中亚国家间的友谊，巩固睦邻友好关系，维护和加强地区和平与安全领域取得的杰出成就，并通过了《中亚国家元首联合声明》。

2018 年 8 月，中亚国家元首齐聚土库曼斯坦国家旅游区阿瓦扎，参加了拯救咸海国际基金（IFAS）峰会。与会的各国领导人包括土库曼斯坦总统库尔班古力·别尔德穆哈梅多夫、哈萨克斯坦总统纳扎尔巴耶夫、吉尔吉斯斯坦总统热恩别科夫、塔吉克斯坦总统拉赫蒙、乌兹别克斯坦总统米尔济约耶夫。各国总统讨论了改善咸海地区环境、水资源管理、社会和经济发展等重大问题，并就国际基金相关的项目与方案实施的财务管理和法律基础等交换了意见，讨论并批准了对咸海盆地国家提供援助行动计划（ASBP-4）。峰会发布

---

① MINISTRY OF FOREIGN AFFAIRS OF TURKMENISTAN. Consultative Meeting of the Heads of States of Central Asia was held inTurkmenistan[EB/OL].(2021-08-06)[2022-03-22].https://www.mfa.gov.tm/en/news/2732.

了一份公报①。

2. 与伊朗的关系

伊朗与土库曼斯坦有 1 148 千米长的边界线，两国历史纽带紧密，且伊朗对于土库曼斯坦实现能源出口多元化有着重要的地缘价值与政策影响。土库曼斯坦独立之初，两国关系保持着良好发展势头。不仅修建了跨境公路与铁路，积极发展双边贸易，而且在能源合作上成绩显著。伊朗成为土库曼斯坦能源产品的主要进口国，是土库曼斯坦最大的电力和原油进口国。

别尔德穆哈梅多夫就任总统后，非常重视发展与伊朗的关系。2007 年，两国总统互访，双方签署了文化、经贸、水资源利用等多领域合作文件。2009 年 2 月，别尔德穆哈梅多夫总统再次访问伊朗，就双边关系及一些共同关心的问题交换了意见，还签署了《土伊联合公报》《土库曼斯坦政府和伊朗政府关于土伊政府间经济合作混委会意向书》《天然气领域合作备忘录》和《土库曼斯坦外交部和伊朗外交部关于双边磋商的备忘录》等多个双边文件。2010 年 1 月，伊朗总统内贾德对土库曼斯坦进行正式访问。两国元首在会谈中表示，将进一步提升双方贸易额，双方继续保持密切合作，为维护和平、安全和促进两国共同繁荣发展贡献力量。其间，两国总统共同参加了两国间第二条天然气运输管道"达乌列塔巴德—谢拉赫斯—汉格兰管道"的通气仪式。2011 年 2 月，伊朗副总统兼文化遗产、实用艺术和旅游组织主席别加伊访土并出席伊朗文化日活动。2015 年 3 月伊朗总统哈桑·鲁哈尼对土库曼斯坦进行了国事访问，双方签署了联合声明，强调要加强在能源、安防系统、交通和通信、农业和畜牧业、石油和天然气领域的合作，开展两国企业间的直接联系。

2021 年 10 月，土库曼斯坦—伊朗政府间经济合作委员会第 16 次会议在德黑兰举行。土库曼斯坦外交部部长 R. 梅列多夫和伊朗伊斯兰共和国道路和城市发展部部长 R. 加塞米及两国相关部委、机构的负责人和代表共同出席了会议。与会者就联合委员会框架内开展双边和多边互动合作的问题展开讨论，并决定加强两国经济互动的法律和制度监管保障，签署了包括规范政治、经济、人道主义和其他视角下的合作问题的一整套文件。在肯定双方经济合作发展的积极方向的同时，与会的两国代表相互认可彼此是地区合作的重要伙伴，并强调了发展运输和边境领域双边合作的重要性，以及开展燃料能源合作并实施新的合作项目的重要性。经过两天讨论，双方同意在经贸合作、海关、边境管

---

① MINISTRY OF FOREIGN AFFAIRS OF TURKMENISTAN. Press release[EB/OL].(2018-08-25)[2022-03-22].https://www.mfa.gov.tm/en/articles/300.

理、工业和农业合作等方向上加强联系，同时加强教育和文化、环境保护和医疗行业等领域的联系①。

2021 年 12 月 13 日，土库曼斯坦总统库尔班古力·别尔德穆哈梅多夫与伊朗伊斯兰共和国总统莱西进行了电话交谈。双方同意在平等、相互尊重和命令友好原则下进一步提升两国政治、外交、经济和文化联系，重点加强燃料和能源、运输和通信、轻工业、农业和加工业方面的合作，创造更多合作机会。两国将继续在联合国等信誉良好的国际组织框架下扩大建设性互动，为巩固和维护地区和平与可持续发展共同努力。在人道主义、体育、科学教育、文化艺术等领域，两国存在着巨大合作潜力，相关领域也是未来进一步拓展的重要方向②。

2022 年 1 月，时任土库曼斯坦副总理的谢尔达尔·别尔德穆哈梅多夫率领政府代表团访问伊朗，就扩大和加强两国政治、经贸、文化和人道援助等方面的双边合作进行了广泛深入交流。伊朗伊斯兰共和国总统莱西接见了代表团一行③。

3. 与阿富汗的关系

土库曼斯坦与阿富汗相邻，发展与阿富汗的睦邻友好关系符合土库曼斯坦的外交政策原则。

2005 年首届阿富汗问题区域经济合作会议（RECCA）在喀布尔举办，11 个地区国家出席，为地区安全稳定合作提供了新的平台。与会各方在支持和加快实施国际输电线路、促进和有效利用地区水电资源方面进行协商讨论，并决定采取联合步骤。在区域水资源使用、禁毒、货物运输、能源管网、贸易便利化、营商环境改善等方面，各方也决定开展更广泛的合作。

RECCA 框架下的合作为阿富汗的发展和地区减贫提供了协商行动的平台。截至 2021 年年底，RECCA 一共举行了七次会议。

第一届会议，喀布尔，2005 年，发布《阿富汗问题区域经济合作会议喀布尔宣言》。

第二届会议，新德里，2006 年，发布《关于阿富汗问题区域经济合作会

---

① 土库曼斯坦外交部. 土库曼斯坦-伊朗经济合作政府间委员会第 16 次会议在德黑兰召开 [EB/OL].（2021-10-27）[2022-06-22].https://www.mfa.gov.tm/en/news/2861.

② 土库曼斯坦外交部. 土库曼斯坦总统和伊朗伊斯兰共和国总统进行电话交谈[EB/OL].（2021-12-14）[2022-06-22].https://www.mfa.gov.tm/en/news/2940.

③ 土库曼斯坦外交部. 土库曼斯坦代表团讨论了土库曼斯坦-伊朗合作的优先问题[EB/OL].（2022-01-09）[2022-06-22].https://www.mfa.gov.tm/en/news/2969.

议的新德里宣言》。

第三届会议，伊斯兰堡，2009 年，发布《阿富汗问题区域经济合作会议伊斯兰堡宣言》。

第四届会议，伊斯坦布尔，2010 年，发布《关于阿富汗问题区域经济合作会议的伊斯坦布尔宣言》。

第五届会议，杜尚别，2012 年，发布《阿富汗问题区域经济合作会议杜尚别宣言》。

第六届会议，喀布尔，2015 年，发布《阿富汗问题区域经济合作会议喀布尔宣言》。

第七届会议，阿什哈巴德，2017 年，发布《阿什哈巴德宣言》。土库曼斯坦倡导下的土库曼斯坦—阿富汗—巴基斯坦—印度（TAPI）天然气管道项目、土库曼斯坦—阿富汗—塔吉克斯坦铁路以及通往阿富汗的国际输电线建设，都成为此次会议讨论的内容。此外，阿富汗、阿塞拜疆、格鲁吉亚、土耳其和土库曼斯坦还签署了过境运输合作协定，有助于提升区域一体化水平，增加贸易量①。

2021 年 12 月，根据别尔德穆哈梅多夫总统命令，土库曼斯坦向阿富汗提供了一批人道主义援助，以实现"系统和定期地援助邻国阿富汗，并在经济、社会和人道主义领域提供全面支持"。这批物资包括食品、纺织品、生活用品、石油产品等②。

2022 年 1 月，阿富汗代表团抵达了土库曼斯坦，双方讨论的议题是 TAPI 天然气管道和土库曼斯坦—阿富汗—巴基斯坦（TAP）输电线路的实施情况，以及加强土库曼斯坦—阿富汗的区域安全合作。

二、与俄罗斯的关系

由于传统政治经济联系和地缘政治的现实，俄罗斯是土库曼斯坦发展对外关系最重要的对象国。土库曼斯坦出口的石油和天然气需要借道俄罗斯，致使土库曼斯坦经济对俄罗斯有很大的依赖性。同时，土库曼斯坦丰富的自然资源也对俄罗斯有着巨大的吸引力。独立之后，两国领导人实现了多次互访，于 2003 年签订了为期 25 年的天然气长期供应协议。别尔德穆哈梅多夫总统上台

---

① MINISTRY OF FOREIGN AFFAIRS OF TURKMENISTAN. What is Recca. [EB/OL].[2022-03-22].https://www.mfa.gov.tm/en/recca.

② MINISTRY OF FOREIGN AFFAIRS OF TURKMENISTAN. Turkmenistan has sent a humanitarian aid to Afghanistan[EB/OL].(2021-12-14)[2022-03-22].https://www.mfa.gov.tm/en/news/2942.

后，两国在能源领域的合作进一步加强，两国总统先后多次互访和会晤，双方决定进一步加强两国在油气、经贸、人文、安全等领域的合作。2007年5月11日，俄罗斯总统普京访问土库曼斯坦，并与土库曼斯坦和哈萨克斯坦共同签署了环里海天然气管道协议，计划进一步加强在能源领域的合作。2008年，梅德韦杰夫就任总统两个月即正式访问土库曼斯坦，双方发表联合声明，签署关于在阿什哈巴德设立俄国立古铂金石油天然气大学分校的议定书、两国文化部合作备忘录、教育合作协议、外交部合作计划等文件。2010年11月，两国举行政府间经济合作委员会第五次会议，就加强经贸合作问题交换了意见。2011年6月，俄罗斯教育和科学部部长弗尔先科访问土库曼斯坦，并与别尔德穆哈梅多夫总统就教育合作、人才培养、医疗保健等问题交换了意见。2011年8月，土库曼斯坦副总理沙兰雷耶夫访问俄罗斯鞑靼斯坦共和国。2012年11月，土库曼斯坦与俄罗斯互设商务代表处。2013年3月，两国总统就双边关系和共同关心的国际问题互通电话，对两国间的关系表示了肯定。2014年11月，俄罗斯文化部与土库曼斯坦签订了未来三年合作纲要，主要开展双方在视觉和表演艺术、电影、图书馆和博物馆、工艺美术、娱乐和马戏、手工艺品、保护历史文化遗产等领域的合作。两国在文化领域内的合作不断加深。

随着欧盟、美国和中国进入土库曼斯坦能源市场，土俄两国在能源合作上也存在一定分歧。俄罗斯希望继续独占土库曼斯坦的油气资源，所有出口到欧洲或其他国家的天然气均需通过俄罗斯。而土库曼斯坦则希望实现其能源出口对象的多元化，包括修建从土库曼斯坦到中国和直达欧洲的天然气管道。

过去30年中，土库曼斯坦与俄罗斯签订了170多项协议，其中最重要的是能源和工程合作协议（2009年）和俄土战略伙伴关系协议（2018年）。2017年俄罗斯总统普京与土库曼斯坦总统别尔德穆哈梅多夫会谈时，强调要加强双方在政治、经贸、科学教育和文化人文等关键领域的双边合作[①]。新冠病毒感染疫情发生后，土库曼斯坦加大了与俄罗斯之间的贸易联系。2019年双边贸易额约为7亿美元，同比增长69%，2020年双方贸易额突破10亿美元。这主要得益于石油、天然气等领域新的重大项目的顺利推进。俄罗斯总统普京认为，俄罗斯联邦是土库曼斯坦在贸易和经济部门关键合作伙伴之一，两国的

---

① "符拉迪沃斯托克"国立广播电视分公司. 普京指示签署俄罗斯与土库曼斯坦战略伙伴关系的协议[EB/OL].(2017-10-09)[2022-03-22].http://vestiprim.cn/news/1532-pu-jing-zhi-shi-qian-shu-e-luo-si-yu-tu-ku-man-si-tan-zhan-lue-huo-ban-guan-xi-de-xie-yi.html.

议会合作也在发展中①。2020 年 6 月，《中立土库曼斯坦》在纪念"俄罗斯日"的一篇文章中引用俄驻阿什哈巴德大使的发言，"尽管存在全球防疫限制措施，我们两国的政治、经济、文化和教育合作仍在积极发展"。俄罗斯视土库曼斯坦为可靠的合作伙伴，并希望获得同样的认可②。

2021 年 10 月，土库曼斯坦—俄罗斯经济合作委员会会议在土库曼斯坦举行。双方讨论了共同关注的广泛领域的合作现状与前景，并就伙伴关系、能源、天然气化工、地质、运输、贸易、物流、农业，以及防疫、人道主义援助和文化、科学与教育合作等，进行了深入交流。会议通过了《土库曼斯坦政府和俄罗斯联邦政府 2021—2023 年经济合作计划》③。

三、与土耳其的关系

土库曼斯坦与土耳其保持着良好的外交关系。两国于 1992 年 2 月建交，土耳其时任总理德米雷尔遂于 5 月 1 日访问土库曼斯坦，并认为帮助土库曼斯坦的发展是土耳其的义务。同年，时任总统尼亚佐夫进行了回访。

尼亚佐夫在位时，倡议把每年的 1 月 21 日定为土库曼斯坦—土耳其友谊日，并在 2000 年首次举行了盛大庆祝仪式。2000 年，土耳其时任总统塞泽尔出访土库曼斯坦期间，两国元首商定成立土库曼斯坦—土耳其经贸合作混委会，制定两国至 2011 年发展合作文件，并商定在 2001 年 4 月前连通土库曼斯坦—伊朗—土耳其高压输电线路，土库曼斯坦开始向土耳其输电。

库尔班古力·别尔德穆哈梅多夫上任后，两国关系稳步发展。2008 年 3 月，别尔德穆哈梅多夫访问土耳其，与总统居尔、总理埃尔多安举行会晤，就加强两国经贸、能源、人文、交通等合作问题交换了意见。2012 年 2 月，别尔德穆哈梅多夫总统访问土耳其，双方表示将进一步发展政治、经济、文化等领域的合作关系。2014 年 11 月，土耳其总统埃尔多安访问土库曼斯坦，双方签署了联合公报。两国一致同意在可能的情况下相互支持对方参与国际组织候选资格；在经济领域，双方同意逐步提高双边贸易额，扩大经贸合作多元化，深化长期经济和投资合作；为进一步深化和发展经贸关系，双方同意继续在公

①　资料来源：Arzuw 新闻网（https://arzuw.news/jekspert-ocenil-razvitie-otnoshenij-turkmenistana-i-rossii）。

②　界面新闻. 俄驻土大使：俄罗斯高度重视与土库曼斯坦战略关系水平［EB/OL］.（2020-06-12）［2022-03-22］. https://baijiahao.baidu.com/s？id=1669283350517823247&wfr=spider&for=pc.

③　MINISTRY OF FOREIGN AFFAIRS OF TURKMENISTAN. Co-chairmen of the intergovernmental Turkmen-Russian commission on economic cooperation discussed priorities of bilateral cooperation［EB/OL］.（2021-10-07）［2022-03-22］.https://www.mfa.gov.tm/en/news/2824.

路、铁路等交通运输领域合作；两位总统强调完善和发展双边及过境货物运输的重要性；双方一致同意加强里海港口及海上交通合作等。

2014年，两国双边贸易额增长了26%，达60亿美元。在土库曼斯坦运营的土耳其公司有600多家，土尔其公司不仅在建筑和纺织工业等传统领域占据主导地位，近些年也获得了电力和交通领域的重大合同。

2021年11月26日，土库曼斯坦外交部部长R.梅列多夫与土耳其外交部长恰武什奥卢举行了会晤，强调在地区和国际框架下加强两国互动关系的重要性，并一致同意在政治、外交、经贸、文化、人道领域扩大对话与合作。

11月27日，土耳其总统埃尔多安对土库曼斯坦进行了国事访问。在两国领导人高级别会谈中，双方就一些重大国际和地区问题交换了意见，并就两国发展和加强长期的战略互动关系进行了深入会谈。两国领导人着重就区域和全球和平、稳定与安全等话题展开会谈，并签署了一系列协议。会谈后还举行了授予土耳其共和国总统埃尔多安土库曼斯坦勋章的仪式①。

四、与美国的关系

美国与土库曼斯坦于1992年4月建交，但由于美国对土库曼斯坦人权的批评和意识形态，在2000年以前，两国关系并不密切。2001年"9.11"事件发生后，为协助美国的反恐战争，土库曼斯坦在本国境内开辟了空中和陆地走廊，用于向阿富汗运送人道主义物资。美国出于保证全球能源安全和反恐需要，将土库曼斯坦列为涉及国家安全和国际问题的重要国家。为减少自身对全球能源的依赖并抗衡伊朗和俄罗斯的势力扩充，加强对中亚和里海地区的介入，美国通过外交和经济援助手段对土库曼斯坦进行拉拢、渗透和推进"民主"工作。对于美国的外交攻势，土库曼斯坦持中立态度。自2006年夏季美国驻土库曼斯坦大使任职期满后，美国未向土库曼斯坦派遣大使。

别尔德穆哈梅多夫总统上任后，土美关系有了进一步发展。2008年后，美国各部门高官、特使多次访问土库曼斯坦，两国交往持续增多，两国在能源、经济、安全等领域的合作有所加强，美国对土库曼斯坦民主、人权的公开指责也明显减少。2010年，土库曼斯坦—美国商务论坛在阿什哈巴德举行。同年11月，美国负责中亚事务的副国务卿帮办埃利奥特访土库曼斯坦，与土库曼斯坦外交部、油气署等部门官员进行会谈，双方就两国关系等问题交换了

---

① MINISTRY OF FOREIGN AFFAIRS OF TURKMENISTAN. The high-level talks between the presidents of Turkmenistan and the Republic of Turkey were held[EB/OL].(2021-11-27)[2022-03-22].https://www.mfa.gov.tm/en/news/2914.

意见。2011 年 5 月，美国向土库曼斯坦再次指派了大使，以促进两国间的能源合作。2012 年 3 月土库曼斯坦总统别尔德穆哈梅多夫和到访的美国中央司令部司令詹姆斯·马蒂举行会晤。双方表示将大力加强和扩大国家间对话，确保安全与稳定、应对全球威胁和挑战等问题，并就发展双边伙伴关系的前景交换了意见。2014 年 9 月，美国国务卿副助理、中亚事务负责人丹尼尔·罗森布鲁姆到土库曼斯坦访问，与土库曼斯坦外交部相关负责人讨论了两国的关系状态及进一步发展合作的前景；双方还就开展土美政治磋商和举办土美商务委员会例会框架下的下一次会晤问题交换了意见。2015 年 1 月，土库曼斯坦总统别尔德穆哈梅多夫会见了美国特命全权大使艾伦·马斯塔尔，双方讨论了加强两国双边和多边基础上的对话问题，指出"土库曼斯坦—美国"商务委员会的重要作用，就定期举行展览和商务会议，带动燃料能源、交通通信、农业、卫生、教育等领域直接接触的问题等达成一致意见。

在美国与中亚国家外交部部长 C5+1 会晤机制推动下，土库曼—斯坦与美国之间的关系有了新的发展。2021 年 9 月，采取混合形式举行的美国-中亚五国 C5+1 外交部部长会议重点讨论了阿富汗问题、经济合作及气候危机等重要议题。与会者强调加强和扩大多种形式的经济、贸易与投资、运输合作，挖掘潜力的重要性。同时在应对区域安全威胁和挑战、缓解阿富汗人道主义危机等方面，也开展了协商对话①。

五、与欧盟的关系

土库曼斯坦与欧盟关系保持良好发展势头，各级别互访不断，并签署了一系列双边文件，经贸合作呈现快速发展态势。2007 年，土库曼斯坦总统访问欧盟总部布鲁塞尔，表达了愿与欧盟国家发展全方位合作的愿望，欧盟对此予以积极回应，并于 2008 年年初在土库曼斯坦成立了"欧洲之家"。2008 年 5 月，欧盟与土库曼斯坦签订了《土库曼斯坦—欧盟能源领域合作谅解备忘录》，旨在以能源领域的合作为突破口，为欧洲企业在土库曼斯坦开拓能源市场提供法律和融资支持。2009 年 4 月，欧洲议会以多数票批准通过了旨在相互出口限制的《土库曼斯坦—欧盟贸易协定》。2011 年 1 月，欧盟主席巴罗佐访问土库曼斯坦，与别尔德穆哈梅多夫总统就进一步发展互利合作以及共同关心的国际和地区问题交换意见。2014 年 6 月，欧盟委员会能源理事会副总干

---

① MINISTRY OF FOREIGN AFFAIRS OF TURKMENISTAN. A Meeting of the Countries of CA and the USA in a Hybrid "C5+1" Format was Held[EB/OL].(2021-09-22)[2022-03-22].https://www.mfa. gov.tm/en/news/2798.

事法布里奇奥·巴尔巴索 6 月 11 日抵达阿什哈巴德，与土库曼斯坦外交部领导探讨了扩大双边能源领域合作事宜，并讨论了与里海环境保护有关的问题。

2021 年 8 月在与欧洲理事会主席查尔斯·米歇尔电话交谈后，土库曼斯坦总统别尔德穆哈梅多夫提出欧盟与土库曼斯坦关系发展中的三个关键问题：首先，承认土库曼斯坦在解决中亚和地区安全和发展的关键问题时，具有非常重大的作用和潜力；其次，欧盟将加强与土库曼斯坦的伙伴关系建设；最后，相互理解欧盟—土库曼斯坦伙伴关系对双方的有益作用及对地区局势的有利影响。土库曼斯坦和欧盟的战略目标和利益交汇点在于维护地区和平与安全，实现可持续发展目标，通过对话协商交换意见，解决面临的严重问题①。

2021 年 12 月，欧盟中亚问题特别代表泰丽·哈卡拉到访阿什哈巴德，并参加"和平与信任政策——国际安全、稳定和发展的基础"国际研讨会。土库曼斯坦与欧盟的合作重点集中在政治、外交、经济贸易、人文与人道主义等议题上，并建立起欧盟—土库曼斯坦联合委员会，各国议会间、外交机构间的协商会议，以及"欧盟—中亚"合作等互动机制②。在绿色中亚和教育领域，德国与土库曼斯坦之间的合作已取得较好成果，建立起了密切互动的双边合作机制。

第四节　卫国力量

在苏联解体后，土库曼斯坦接管了苏联土库曼斯坦军区驻扎在其领土上的苏军部队，并在此基础上组建了自己的武装力量。当时，土库曼斯坦接管的兵力近 4 万人，作战飞机 100 多架、坦克约 800 辆、火炮近 1 000 门，同时还有其他各种武器装备。

建军以后，土库曼斯坦逐步对苏军留下的"资源"进行了改组，按照自己的《国防法》《军事学说》《土库曼斯坦永久中立法》等指导思想，发展建设自己的军队。

---

①　MINISTRY OF FOREIGN AFFAIRS OF TURKMENISTAN. Turkmenistan – European Union: Cooperation for regional and general security and development[EB/OL].(2021-09-01)[2022-03-22].https://www.mfa.gov.tm/en/news/2773.

②　MINISTRY OF FOREIGN AFFAIRS OF TURKMENISTAN. The issues of mutually beneficial partnership of Turkmenistan with the European Union were considered[EB/OL].(2021-12-10)[2022-03-22].https://www.mfa.gov.tm/en/news/2930.

土库曼斯坦国防总兵力有 1.7 万~1.9 万人。陆军有 1.4 万~1.6 万人,空军和防空兵约有 3 000 人,海军与岸防部队约有 2 000 人,装备约有舰艇 22 艘,主要海军基地位于土库曼巴希港,阿姆河岸的凯利夫还部署了一个江河区舰队。

边防部队兵力有 1.2 万人左右。现有 4 支边防总队,分别部署在与阿富汗、乌兹别克斯坦和哈萨克斯坦交界的边境区。

国家安全部所属部队约有 2 500 人,内务部内卫军约有 2 000 人。土库曼斯坦内务部和国家安全委员会保留了苏联时期的克格勃和警察部队的结构,主要任务是打击犯罪。国家安全委员会主要负责打击重大的犯罪行为和政治犯罪。内务部和国家安全委员会所属部队遍布全国各地,其主要机构设在阿什哈巴德。安全部队的主要责任是保护政府政权。国家内务部领导警察局。警察局与国家安全部队一起维护国家安全。总统卫队约有 2 000 人。

全国划分为 5 个军区。土库曼斯坦没有军事工业,不生产军用武器,军用武器全靠进口,与外国的军事合作也仅限于军事技术和军官培训。1993 年 9 月,土库曼斯坦创办了尼亚佐夫军事学院,用于培养本国军队干部和提高军事人员的素质,但高级军官的培养依然靠与外国军队的合作来解决。

土库曼斯坦奉行中立性军事学说,不参加任何军事集团和同盟,不设明确的假想敌,不觊觎任何国家的领土,不将武装力量用于反对任何国家,不发展核武器等大规模杀伤性武器,不发动、挑起军事争端或战争。

土库曼斯坦实行义务兵役制。根据法律,18~30 岁的土库曼斯坦男性公民负有兵役义务,但根据个人申请,17 岁也可以入伍。士兵服役期为两年,海军为两年半,受过高等教育的服役期为一年半。为降低部族和地区集团的影响,武装力量实行异地补充原则,军人通常不能在入伍当地所在的军区服役。

第三章 丝绸之路上的油气之国

土库曼斯坦有着"气海上的国度"的美誉。

第一节 丰富的能源[①]

土库曼斯坦主要的能源品种是天然气和石油。其境内的煤炭与乌兹别克斯坦处于同一矿带，但其境内的蕴藏量不大，产量和消费量更是可以忽略不计。土库曼斯坦已探明的天然气储量为17.5万亿立方米（远景储量24.6万亿立方米），排在伊朗（33.8万亿立方米）、俄罗斯（31.3万亿立方米）和卡塔尔（24.7万亿立方米）之后，位居世界第四位。

自1991年独立以来，土库曼斯坦共发现了300多个含有石油和天然气的地质结构，开发了160多个油气田，包括土东部地区的加尔克内什和亚什拉尔超大气田。据英国著名国际咨询公司Gaffney Cline & Associates专家证实，该气田蕴藏有26.2万亿立方米天然气。阿塔耶夫在《土库曼斯坦：金色世纪》上表示，由于发现了大中型、超大型油气田，土库曼斯坦成为世界能源大国之一，原油储藏量现已超过710亿吨。早期油气勘探多在西部滨里海地区，现已扩大范围至卡拉库姆中部，采用现代3D技术进行地震勘探，并向土西南部扩展，那里也可能蕴藏有更丰富的油气资源。

一、石油

据美国能源咨询公司HIS估计，土库曼斯坦石油储量约有2.7亿吨，另外还有约8.1亿吨未探明储量，多集中在该国西部的南里海含油气盆地。土库曼斯坦政府曾于2000年宣布该国里海大陆架石油远景储量约有110亿吨。

---

① 资料来源：根据中国国土资源部网站资料整理。

1. 石油开采

石油主要蕴藏在土库曼斯坦西部沿里海地区，主要位于里海盆地边缘低地和切列肯附近海底的上新世地层，在行政区划上基本属于巴尔坎州及土属里海区域，主要油田有科图尔捷佩和巴尔萨克尔梅兹。截至 2006 年年初，土库曼斯坦已发现 34 个油田和 81 个含天然气的凝析油田，其中有 20 个油田和 38 个天然气凝析油田正在开发，有 4 个天然气凝析油田正准备开采，有 14 个油田和 39 个天然气凝析油田处于勘探过程中。

独立后，土库曼斯坦的石油产量不断提高，现在每年约产 1 000 万吨。土库曼斯坦国家石油集团生产的石油约占开采总量的 80%，其余部分由土库曼斯坦国家天然气集团和国家地质集团开采。土库曼斯坦 2010—2020 年石油产量如图 3-1 所示。

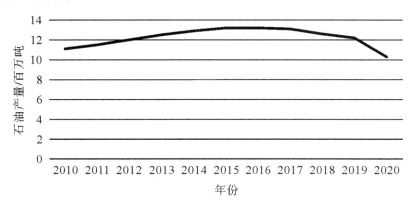

图 3-1　土库曼斯坦 2010—2020 年石油产量①

2. 石油加工

土库曼斯坦的油气设计年加工能力总量约 1 800 万吨，实际年加工量约为 600 万吨，加工企业主要有 4 个。

一是位于东部的谢津炼油厂，建成于 1991 年，苏联时期称作查尔朱炼油厂，位于土库曼纳巴德市，是全国最大的炼油厂和石化工业基地，年加工能力为 600 万吨（改造后可达 900 万吨），加工深度为 90%，生产汽油、柴油、重油、沥青、丙烯、电极焦炭、液化气等多种石油化工产品。

二是位于土库曼斯坦西部的土库曼巴希市石油加工综合体，苏联时期称作克拉斯诺沃茨克炼油厂，建于 1943 年，是全国第二大石油加工企业，年加工

---

① 数据来源：《BP 世界能源统计年鉴》（2021 年版）。

能力为 600 万吨，生产汽油、柴油、重油、沥青、液化气等石油化工产品。

三是位于土库曼斯坦西部的巴尔坎纳巴特炼厂，苏联时期称为内比特达格炼厂，位于巴尔坎纳巴特市，年加工能力为 300 万吨，主要生产成品油和液化气。

四是切列肯炼厂。2007 年 6 月，德拉贡石油公司（Dragon Oil）在切列肯市独资建立的炼厂投入运营，设计年产 250 万吨成品油，主要生产柴油和石脑油，同时加工本公司开采的石油。德拉贡公司是阿联酋迪拜 ENOC 石油公司和土库曼斯坦国家石油集团在爱尔兰注册的合资企业，股权比例分别为 52% 和 48%。

根据 BP 统计年鉴，土库曼斯坦的炼厂加工量大致如图 3-2 所示。

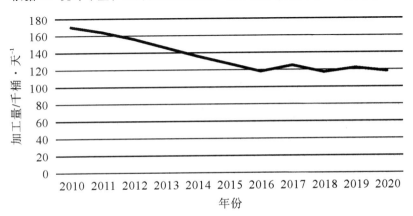

图 3-2　土库曼斯坦石油炼厂加工量

2014 年前，土库曼斯坦石油的炼厂产能约为 251 千桶/天，2015 年至今，提升到 271 千桶/天。

除成品油外，土库曼斯坦每年都生产大量液化气，而且大部分用于出口，2005 年产量约 40 万吨，2020 年约 200 万吨。

3. 石油运输与出口

土库曼斯坦的石油运输方式有管道、轮船和铁路（公路）等。其中海运是最主要的出口方式。

海运出口港主要有土库曼巴希、奥卡雷姆和阿拉特扎。土库曼巴希码头可年装运石油产品 300 万吨，改造后可达 500 万吨。奥卡雷姆码头可年装运石油产品 120 万吨，改造后可达 150 万吨。阿拉特扎码头可年装运石油产品 240 万吨，改造后可达 400 万吨。奥卡雷姆的主要用户是土库曼斯坦国家石油公司，阿拉特扎的主要用户是英国的伯伦能源公司（Energy Burren）和德拉贡石油公司。

海运线路主要有三条：

一是向西，先将原油用船跨里海运到里海西岸阿塞拜疆的巴库港，再通过巴杰管线将原油运到土耳其的杰伊汉，或者用铁路（或管道）运到格鲁吉亚，最后出口到黑海、地中海和欧洲。此线运输量约占土库曼斯坦石油出口的60%，主要使用者是西方的石油公司和土库曼斯坦国家石油公司。

二是向北到俄罗斯。此线运输量约占土库曼斯坦石油出口的15%，主要使用者是土库曼斯坦国家石油公司，主要出口港是奥卡雷姆和阿拉特扎。

三是向南，利用伊朗的管线，经波斯湾出口。此线路运输量约占土库曼斯坦石油出口的25%，主要使用者是土库曼斯坦国家石油公司和德拉贡石油公司。

二、天然气

进入21世纪后，土库曼斯坦的天然气产量逐年提高。全国约84.5%的天然气由土库曼斯坦国家天然气集团生产，其余15%由国家石油集团开采。

土库曼斯坦天然气大部分用于出口，主要出口对象为中国、俄罗斯、独联体国家、伊朗等。中国—中亚天然气管道的建设为土库曼斯坦的天然气出口多元化开辟了新的天地。对独联体国家的出口几乎全部经由俄罗斯的管道，主要消费对象国包括格鲁吉亚、亚美尼亚、阿塞拜疆、摩尔多瓦、哈萨克斯坦等。但2003年土俄签订天然气购买协议后，俄罗斯几乎买断了土库曼斯坦向独联体出口的天然气[1]。

据BP公司数据，2019年土库曼斯坦天然气探明储量13.6万亿立方米。土库曼斯坦陆上天然气主要蕴藏在土库曼斯坦东部，主要是马雷州捷詹河和穆尔加布河之间的东土库曼中生代地层、卡拉库姆盆地东南拗陷带，在行政区划上主要属于马雷州。全国现已发现160个天然气田（储量共计约5万亿立方米）天然气，主要分布在土东部盆地和中部的阿姆达利亚地区。这些气田中，有54个气田（储量2.6万亿立方米）正在开采，11个气田（储量2 600亿立方米）准备开采。现有规模比较大的气田主要有格泽尔古姆、欧尔杰克利、艾吉扎克、南埃克列姆，规模比较大的凝析气田有卡杜杰别、鲍萨克贝梅兹、古伊杰克、卡克列达克、埃克列姆等。

土库曼斯坦2010—2020年天然气相关数据见表3-1。

---

① 资料来源：EIU国家数据土库曼斯坦2008年度报告。

表 3-1　土库曼斯坦 2010—2020 年天然气相关数据情况①

指标	2010年	2011年	2012年	2013年	2014年	2015年	2016年	2017年	2018年	2019年	2020年
生产量/亿立方	401	563	590	590	635	659	632	587	615	632	590
消费量/亿立方	183	207	229	193	200	254	251	248	284	315	313

土库曼斯坦的天然气出口对象国分布较为集中，出口方向较为单一，出口方式以管道运输为主。在土库曼斯坦天然气出口贸易对象国中，中国的进口量占比非常高，超过 80%（见图 3-3）。

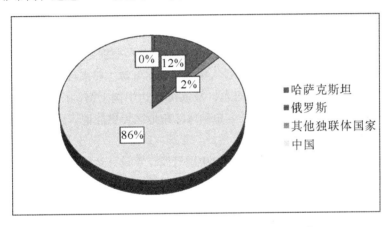

图 3-3　土库曼斯坦 2020 年天然气出口分布②

三、能源出口管道

能源出口多元化是确保土库曼斯坦国家稳定和经济社会发展的基础。土库曼斯坦努力实践能源出口多元化战略，以尽可能地保证国家能源市场的稳定性与可持续性。

过去土库曼斯坦输出能源的主要通道依靠俄罗斯的管线系统，双方之间存在着竞争关系，因此，寻找其他的能源通道出口，是土库曼斯坦政府的重要目标。1997 年年末，一条较短的土库曼斯坦与伊朗的天然气管线建成。2010 年又一条通往伊朗的管线开始通气。但是从经济效益上说，这两条线路没有什么

---

① 《BP 世界能源统计年鉴》（2021 年版）。
② 《BP 世界能源统计年鉴》（2021 年版）。

重大意义。土库曼斯坦与伊朗也会进行一些用石油交换货物的交易。由于领导层的改变，土库曼斯坦与欧洲和美国的一些实体和公司所签订的合同不断增多，政府与欧盟签订了重要协议，同意修建由欧盟支持的经由里海通往南欧的纳布科管线。在相当长一段时间内，下列管线也正在或将要修建：

（1）TAPI 管线，经阿富汗到巴基斯坦、印度甚至更远的地区。该管线全长 1 680 千米，其中土境内长 145 千米，阿富汗境内长 735 千米，巴基斯坦境内长 800 千米。早期设计造价约 76 亿美元，年输气量 330 亿立方米。该管线2018 年起已开始运作。

（2）经伊朗到波斯湾的管线。这条管线因地缘环境的变化、美国与伊朗的关系、伊朗自身的能源政策等，存在着较大的不稳定性。

（3）往西北通往中国的管线，即中国—中亚天然气管线。

中国—中亚天然气管线分 A、B、C、D 四线。其中，A、B、C 线已经建成并运营。这三条线中，A、B 线自土库曼斯坦与乌兹别克斯坦边界地带出发，经乌兹别克斯坦、哈萨克斯坦，进入中国境内。气源主要来自阿姆河右岸气田群。进入中国后，该管线继续向东，最远可到达中国上海、广东省和香港地区，全线长约 8 000 千米，为长三角和珠三角地区提供能源。该管线年设计运输能力 300 亿立方米。

C 线为乌兹别克斯坦天然气出口中国管线，年设计运输能力为 250 亿立方米。2014 年 6 月，C 线正式建成运营。

已经正式开工建设的 D 线，是对前述中国—中亚天然气管线的补充。D 线将以复兴气田为主要气源，年设计输气能力为 300 亿立方米，途经乌兹别克斯坦、塔吉克斯坦和吉尔吉斯斯坦，进入中国新疆南部，全长约 1 000 千米，其中境外段 840 千米。D 线的开工建设，将最终实现以中国—中亚天然气管线把中亚五国与中国紧密联系在一起的目标。中国—中亚天然气管线的建设，对沿线国家和地区来说，值得期待。

土库曼斯坦油气资源开发的优先投资方向为：对里海油气资源的勘探开发，对陆地油气资源的勘探开发，建设新的油气基础设施（如管道），发展国家油气化工产业①。

---

① 中华人民共和国驻土库曼斯坦大使馆经济商务处. 土库曼斯坦油气资源储备［EB/OL］.（2014-12-02）［2022-06-23］.http://tm.mofcom.gov.cn/article/ddgk/201412/20141200817774. shtml.

第二节　稳步发展的国民经济

2022 年 2 月，土库曼斯坦通过《新时代主权国家复兴计划：2022—2052 年土库曼斯坦社会经济发展国家方案》（以下简称《方案》）。《方案》将确保土库曼斯坦实现国家政治、经济、社会和文化的高速度发展，持续加强国家独立和中立基础，把建设社会和经济发达国家作为国家未来的前进目标。《方案》提出了在实现知识和创新的基础上各经济部门综合可持续发展，统一环保技术，提升管理方法和管理能力，进一步改善社会和生活条件，确保人们幸福和繁荣生活等具体任务要求。这是土库曼斯坦依据国内外形势变化做出的最新抉择和部署①。

土库曼斯坦的经济支柱是天然气、石油，农业主要种植小麦和棉花。近年来，在能源和原料产品出口带动下，土库曼斯坦经济保持了稳步发展的势头。在吸引外资、开展国际合作等方面，取得了较为突出的成效。土库曼斯坦国内生产总值如图 3-4 所示。

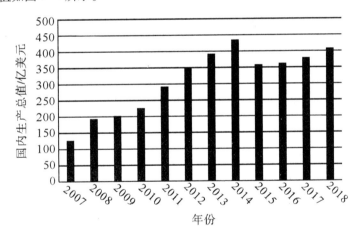

图 3-4　土库曼斯坦 2007—2018 年国内生产总值（依据美元汇率结算）②

根据世界银行数据，土库曼斯坦的国内生产总值在世界排名第 90 位（2017

---

① 资料来源：土库曼斯坦国家政府网站（https://turkmenistan.gov.tm/en/post/60824/program-revival-new-era-powerful-state-was-approved-national-program-socio-economic-development-turkmenistan-2022-2052）。

② 数据来源于世界银行。

年）。受 2015 年国际油价持续下跌和低位徘徊影响，当年土库曼斯坦宏观经济增速放缓。2017 年土库曼斯坦经济企稳复苏。经济增速逐步稳定在 6.0%~6.5%。2020 年受新冠病毒感染疫情影响，经济增速减缓。土库曼斯坦 2015—2022 年 GDP 增长幅度如表 3-2 所示。

表 3-2　土库曼斯坦 2015—2022 年 GDP 增长幅度①

年份	2015	2016	2017	2018	2019	2020	2021	2022
增幅/%	6.453	6.200	6.420	6.201	6.330	5.900	4.559	3.870

土库曼斯坦的人均国内生产总值在世界排名中位列 97 位（2017 年），在中亚国家中远高于乌兹别克斯坦、塔吉克斯坦和吉尔吉斯斯坦，位居前列。土库曼斯坦 2007—2018 年人均 GDP 如图 3-5 所示。

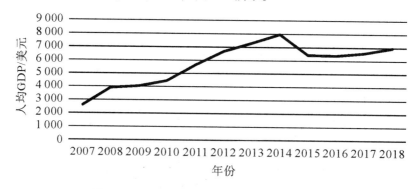

图 3-5　土库曼斯坦 2007—2018 年人均 GDP②

土库曼斯坦的主要产业为石油天然气、农业、纺织、建筑、化工、电力和交通运输。

农业是土库曼斯坦一个重要的经济部门。土库曼斯坦的气候条件较为恶劣，灌溉用水缺乏、施肥代价较高，这些因素都制约着土库曼斯坦的农业发展前景。畜牧业的收益也受制于环境因素，大幅度提高的空间有限。

2020 年受多种因素影响，土库曼斯坦的农业企业未能得到有效利用，如面粉企业产能利用率为 52.4%，轧棉企业为-64%，食用油企业为-29.1%，面制品企业为-67.6%。其他如肉类、植物油和鸡蛋等，生产指标均出现下滑，羊的数量增长减缓，部分食品的进口出现大幅增长。2021 年土库曼斯坦将增加国外优质种子的进口，确保农业产品的产量，充分利用食品和农产品加工企

---

① 根据世界银行和土库曼斯坦官方数据综合而得，其中 2021—2022 年为预测值。
② 来自世界银行数据。

业的产能，增加食品种类与供应量。同时削减不必要开支，降低农业企业的经营和生产成本，加快建设国家统一地籍系统，编制各类农作物种植指南，治理土壤盐碱化，提高进口农机与耕地的合理利用率，加强草场和牧场建设，推广高效节能的灌溉方式①。

私营企业在土库曼斯坦农业生产中的地位逐步提高。在蔬菜、瓜果种植方面，越来越多的私营企业选择国家在这一领域提供的条件，有组织安排工作，促进了果蔬的产业体系建设，提高了技术水平，确保了产品质量、产量，也保障了市场供应。

2007—2020年，土库曼斯坦在国家农村规划（含决议）的框架下，投资额达到423亿玛纳特（约合121亿美元），用于建设979个医院、诊所、幼儿园、中学、文化之家、运动场、体育学校等。公共设施的建设提高迅速，投入使用的输水管道1.02万千米，公路4 900千米，输电线路1.36万千米，燃气管道1.38万千米，下水管道1 900千米，净水装置19个，发展固定电话与手机用户分别为62.5万户和510万户，建造住宅面积1 160万平方米②。

能源，主要是天然气，是土库曼斯坦经济增长的基础和重要支撑。丰富的天然气资源依然能保证土库曼斯坦政府有充足的外汇收入，以维持巨大的社会开支。该国的外债很少，更多情况下它实际上是一些国家的债权人，因为这些国家从土库曼斯坦进口了大量天然气。

土库曼斯坦已经证实的天然气储量为2.8万亿立方米。国家每年开采出大约500亿立方米的天然气。受国际能源价格大幅下挫和新冠病毒感染疫情影响，2020年以来土库曼斯坦的天然气出口遭遇到了冲击。在坚持能源立国、持续拓展天然气出口多元化的同时，土库曼斯坦加大了国家经济多元化建设，实施积极的市场化和私有化改革，推进进口替代与扩大出口政策，积极开展数字经济转型，努力确保经济社会的平稳发展。

土库曼斯坦媒体报道，2020年1—11月，土库曼斯坦油气产品出口额为41.3亿美元，石油、天然气分别开采了870万吨和623亿立方米。同时，天然气出口约为310亿立方米。同期油气领域投资超过71亿玛纳特，同比增加

---

① 中国驻土库曼斯坦大使馆经济商务处. 土库曼斯坦总统部署今年农业领域重点工作［EB/OL］.（2021-02-11）［2022-03-22］. http：//tm. mofcom. gov. cn/article/jmxw/202102/2021020303 8642. shtml.

② 中国驻土库曼斯坦大使馆经济商务处. 近13年内土库曼斯坦农村规划框架下利用投资额约合121亿美元［EB/OL］.（2021-03-22）［2022-03-22］. http：//tm. mofcom. gov. cn/article/jmxw/202103/20210303046205. shtml.

4.92 亿玛纳特。液化气产量为 23.1 万吨，同比增加 4.23 万吨。土库曼巴什石油加工综合体生产的汽油和柴油分别超过 170 万吨和 165 万吨，绝大部分产品用于出口。这一时期的化工产品，如聚乙烯销售量同比增长 2 倍。2020 年 1—10 月，经土库曼斯坦商品原料交易所出售的聚乙烯为 14 万吨，同比增加 9.5 万吨①。

在石油和天然气工业发展计划实施领域，2020 年土库曼斯坦完成了炼油计划的 101.7%。其中，石油和天然气凝析油、天然气与伴生气分别完成计划产量的 100% 和 101%，柴油、汽油、聚丙烯、液化气分别完成计划的 104.4%、104.5%、102.5% 和 116.7%②。

2021 年 1—8 月，土库曼斯坦天然气和伴生气产量超过 550 亿立方米，同比增加 104 亿立方米，增长 23%。同期，土库曼斯坦天然气出口 310 亿立方米，同比增加 83 亿立方米，增长 37%③。

土库曼斯坦国内石油和天然气的消费稳步增长（见表 3-3）。

表 3-3　土库曼斯坦 2015—2019 年国内石油消费统计④

年份	2015	2016	2017	2018	2019
数量/万桶	15.1	14.9	15.0	15.7	16.5

土库曼斯坦天然气消费呈现稳步增长之势（见图 3-6）。

---

①　中华人民共和国驻土库曼斯坦大使馆经济商务处. 今年前 11 月土库曼斯坦油气产品出口额逾 40 亿美元［EB/OL］.（2020－12－31）［2022－03－22］. http://tm. mofcom. gov. cn/article/jmxw/202012/20201203027996. shtml.

②　兰州大学土库曼斯坦研究中心. 2020 年及近期土库曼斯坦国家经济、政治与社会总体情况概述［EB/OL］.（2021-2-19）［2022-03-22］.http://tkmst.lzu.edu.cn/detail.php？aid＝12892.

③　中国地质大学土库曼斯坦研究中心［EB/OL］.（2021－09－21）［2022－03－22］. https://cugtkm.cug.edu.cn/info/1062/1732. htm.

④　中华人民共和国驻土库曼斯坦大使馆经济商务处. 土库曼斯坦国内石油消费市场稳定增长［EB/OL］.（2020－12－22）［2022－03－22］. http://tm. mofcom. gov. cn/article/jmxw/202012/20201203025074. shtml.

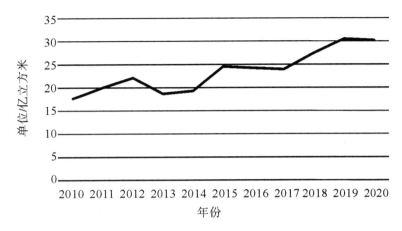

图 3-6　土库曼斯坦 2010—2020 年天然气消费统计①

作为经济合作与发展组织成员，2018 以来，土库曼斯坦通过巴库—第比利斯—杰伊汗石油管道为世界输送了约 2 070 万吨石油及其制品。

在第 26 届"土库曼斯坦石油和天然气国际会议（2021）"上，总统库尔班古力·别尔德穆哈梅多夫强调，作为大量出口能源的国家，土库曼斯坦是建构国际能源运输体系的稳定支持者。能源出口路线多样化、修建多方向量化管道系统，是土库曼斯坦能源政策的一项重要内容②。

除了石油和天然气，土库曼斯坦在核能、煤炭、水电与可再生能源领域的消费非常小，甚至没有。在人均能源的消费上，土库曼斯坦居于中亚国家前列，比俄罗斯略低。

土库曼斯坦的二氧化碳排放量一直维持较低水平，2009—2019 年均增长率约为 5.4%（见图 3-7）。

---

① 根据 CEIC 数据绘制。

② TURKMENISTAN TODAY. XXVI International conference "Oil and Gas of Turkmenistan-2021" [EB/OL].（2021-10-27）[2022-03-22].https://tdh.gov.tm/en/post/29206/xxvi-international-conference-oil-and-gas-turkmenistan-2021.

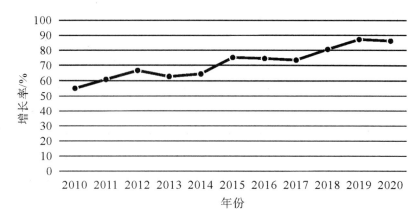

图 3-7　土库曼斯坦二氧化碳排放情况统计①

2020 年前三季度，土库曼斯坦电力工业快速发展，发电量超过 193 亿千瓦时，同比增长 16.3%。根据《2013—2020 年国家电力工业发展构想》，土库曼斯坦电力市场增长迅速，目前国家能源部共运营着 12 座国营电厂，总装机量为 6 511.2 兆瓦。2020 年前三季度，土库曼斯坦的电力出口超过 36 亿千瓦时，出口量和出口额分别为 2019 年的 3.1 倍和 3.3 倍②。

2009—2019 年，土库曼斯坦年均发电量增长约为 4.7%。

私有化的结构体系，为国家不间断和可靠地保障消费者电力供应做出了重大贡献。土库曼斯坦经济协会专门负责架设和更新全国各村镇社区的各种工程线，也安装变压器、变电站。正是在这类专业私营企业的参与和支持下，土库曼斯坦国内的电力设施现代化和新设施的建设稳步发展，保障了电力供应，提高了电力系统的效率。

社会经济的持续发展也带来了土库曼斯坦居民消费的增长（见图 3-8）。

---

① 依据《BP 世界能源统计年鉴 2021》数据绘制。
② 中华人民共和国驻土库曼斯坦大使馆经济商务处. 土库曼斯坦电力工业快速发展［EB/OL］.（2021 - 01 - 20）［2022 - 03 - 22］. http://tm. mofcom. gov. cn/article/jmxw/202101/2021010303 2654. shtml.

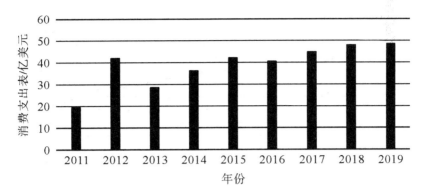

图 3-8　2011—2019 年土库曼斯坦消费支出统计①

土库曼斯坦人口增长较为平缓，大致呈现出缓慢增长趋势（见图 3-9）。

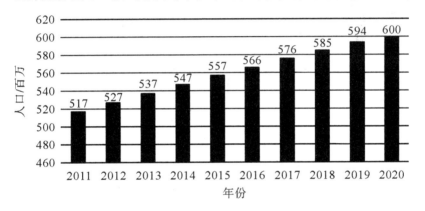

图 3-9　2011—2020 年土库曼斯坦人口变化趋势②

在高福利的国家政策下，土库曼斯坦官方公布的失业率不高（见图 3-10）。

---

① 资料来源：Trading economics 网（https://zh.tradingeconomics.com/turkmenistan/consumer-spending）。

② 资料来源：根据世界银行数据，由 trading economics 统计测算绘制。

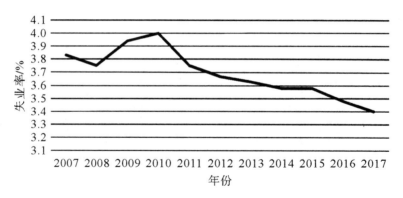

图 3-10　土库曼斯坦失业率统计（2007—2017 年）①

土库曼斯坦部分宏观经济数据如表 3-4 所示。

表 3-4　2016—2018 年土库曼斯坦部分经济数据统计②

序号	主要指标	2016 年	2017 年	2018 年
1	商品及劳务出口总额/亿美元	80	85	92
2	经常性账户余额/亿美元	−72	−44	−35
3	外汇储备/亿美元	268	211	197（预测数）
4	外汇储备增长率/%	0.7	−21	−6.6
5	外债余额/亿美元	4.3	4.4	4.7
6	外债余额增长率/%	10.75	2.33	6.81
7	外债余额占 GDP 比率/%	1.2	1.2	1.1
8	外债余额占出口总额比例/%	5.4	5.2	5.1

　　土库曼斯坦的物价指数起伏较大，2008 年达到峰值 59.7。2013—2016 年，土库曼斯坦物价指数逐渐进入相对平稳的低数值阶段，甚至出现负值。2017 年物价指数再次出现较大波动，为 9.9（见图 3-11）。

---

　　① 根据 https://www.statista.com/statistics/809041/unemployment-rate-in-turkmenistan/网站统计资料绘制。

　　② 资料来源：World Bank-Development Indicators（WDI）、商务部经参处。

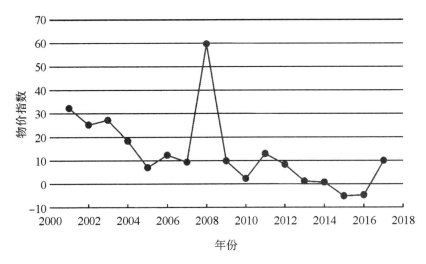

图 3-11　土库曼斯坦 2001—2017 年平均物价指数①

2011 年以来，土库曼斯坦的通货膨胀水平维持较为稳定状态，除了 2019 年外，其余年份均控制在 10% 以下（见图 3-12）。

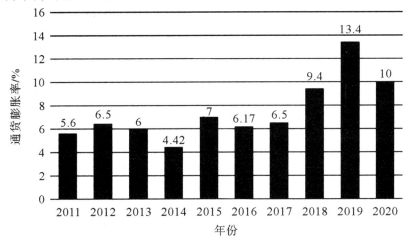

图 3-12　土库曼斯坦 2011—2020 年通货膨胀率

国外对土库曼斯坦的贷款、援助或项目支持对该国发展产生了积极效果。亚行在土库曼斯坦开展了一些工作，涉及社会发展的诸多领域（见表 3-5）。

---

① 根据世界银行数据统计完成。

表 3-5　亚行在土库曼斯坦的项目情况（至 2017 年 12 月 31 日）[1]

单位：百万美元

农业、自然资源和农村发展	1	0.23	0.18
能源	1	0.23	0.18
金融	1	0.50	0.39
公共部门管理	3	0.57	0.44
运输	3	125.50	98.81
总计	9	127.02	100.00

　　土库曼斯坦高度重视国家和社会变革，并将社会转型的重点放在保障国家福利、确保人民高水平生活的目标上。2020 年起，土库曼斯坦将工资、养老金、学生的奖学金、国家发放的其他福利等提高了 10%。同时土库曼斯坦进一步加强了作为一个社会导向型国家的形象建设，改善了社会和生活条件，提高了人民的社会保护度。得益于经济的稳定健康发展，土库曼人的收入稳步增长，公民的物质安全得到保障，在国际上的影响力也日益提升。在可持续发展战略指引下，土库曼斯坦实现了国家经济社会建设的一个又一个成果。

第三节　可持续发展的经济战略[2]

　　土库曼斯坦独立 30 多年来，以强劲的经济发展势头，保持了国家的稳定繁荣，成功融入世界经济空间，取得了举世瞩目的成绩。在总统别尔德穆哈梅多夫的创新思维与大力支持下，国家确立了经济发展的优先方向，制定了可持续发展的经济战略。这一战略的重大举措包括刺激经济发展、引进先进技术、创建合资企业和股份企业、设立证券交易所、发展保险和证券市场，并实施不同分支机构间的重组重构，提高经济效能，优化经济结构，进一步改革和完善国家原有的经济发展方向，实施有效的财政金融政策，将人民的生命、健康与安全放在首位，将"国家为人民服务"的理念镌刻在国家经济发展的各领域，反映在国家发展的经济战略中。

　　过去 30 多年土库曼斯坦实施的国家工业化和创新发展经济战略，为国家

---

①　来源于亚行网站官方数据。

②　资料来源：Serdar Berdimuhamedov，Economic strategy of Turkmenistan：national model of sustainable development。

经济独立和有效应对经济风险奠定了基础。在全球能源价格大幅下滑等背景下，土库曼斯坦的经济发展依然保持了竞争力和稳步前行之势，为国家和整个地区贡献了经济增长的机会和社会发展的动力。为支持和实现可持续发展的经济目标，国家制定了一系列规划、战略，实施了相应的政策措施，如"2011—2030 年土库曼斯坦社会和经济发展国家方案""土库曼斯坦总统 2019—2025年国家社会和经济发展计划"。这些方案、计划，确保了土库曼斯坦的国家基础设施建设与可持续发展目标和宗旨任务的贯彻落实，提高了生产效率与投资水平，为支持和帮助私营部门经济提供了强大助力。在"减少当前世界经济困难环境对国家经济和国民经济可持续发展影响的国家方案"和"土库曼斯坦急性传染病大流行的近期社会经济应对计划"的帮助下，土库曼斯坦成功抗击了新冠病毒感染疫情，保护了国民的健康，也为经济社会的下一步行动指明了方向。

土库曼斯坦的经济发展致力于国家的工业化、现代化之路。20 世纪 90 年代，在土库曼斯坦的经济布局中，农业产出占 40%以上，工业产出约为 17%，其中的 80%为采掘业产出。经过 30 年经济改革和发展，现在国家的工业产出占国内生产总值的比例超过 27%。同期的农业基础设施也彻底得到了改善。棉花依然是农业的主要产品，同时，谷物的恢复、畜牧业的发展为国家粮食安全提供了保障。

土库曼斯坦的经济多元化初见成效。电力、石油和天然气工业、机械制造、冶金、化工、建筑、电子、轻工食品、制药等产业蓬勃发展。天然气依然是国家经济发展的支柱产业。优先建造土库曼斯坦—阿富汗—巴基斯坦—印度（TAPI）跨国管线和配套的电力与光缆通信线路，为地区合作创造了新的机遇。

在天然气和石油产业领域，深加工成为新的突破方向。土库曼斯坦还加大了对石油、天然气加工业的支持力度，开发了新的生产项目，提高了运输能力和运输水平，加强了基础设施建设。通过在土库曼巴希的炼油厂综合体中配备燃油真空加工、轻烯烃烷基化、汽油和聚丙烯异构化与混合调试等设备，土库曼斯坦新型创新生产释放出了新的生机活力，为工业、建筑业、运输业、农业等多领域生产经营活动提供了强大支撑力量。同时，化工产业的快速发展展示了国家另一个富有广阔前景和较快增长速度的经济产业领域。化工生产获得的矿物肥料、硫酸盐等化学产品，极大地丰富了国家的自然资源转化，释放出新的产业机遇。

2020 年土库曼斯坦的经济增长率为 5.9%，2021 年上半年增长指标为

6.2%。2020 年除燃料和能源综合体外，私营部门在国内生产总值中的份额达到 70%，出现明显增长。

投资是国家经济全面发展的重要指标。土库曼斯坦独立初期，大量投资用于国民经济多样化改革和基础设施改善。近年来，投资主要转向了扩大经济生产能力和有效开发生产资料、满足国民经济总体需求和确保国家经济稳定增长方面。目前，经济领域投资在国民经济中的份额达到 25%～30%，外国资本投资占国家对外合作交易量的 15%。在过去 30 年中，国民经济主要领域的投资额增长了 200 多亿美元，66%～68% 的投资流向了生产领域，为国家经济结构改革、生产部门现代化、加工厂竞争力的提升、进口替代、重点出口部门的加快发展、创新科技和信息技术提高等创造了有利条件。此外，人力资本的投资也作为一种快速回报和可靠的投资形式，在教育、医疗、科学技术等多领域呈现显著增长，加强了国家经济的创新发展基础。

拓展国际合作，是土库曼斯坦经济成果的重要篇章。通过现代运输和物流产业建设，土库曼斯坦逐渐改变了地缘环境的劣势，成为带动东西南北交通运输和通信往来的主要枢纽。2020 年土库曼斯坦以观察员身份加入世界贸易组织，并以此为标准，促进和维护国家可持续发展的国际标准的建构。2021 年，土库曼斯坦当选联合国促进性别平等和增强妇女权署 2020—2024 年执行局成员。2022 年，土库曼斯坦派代表参加联合国妇女地位委员会第六十六届会议，讨论议题包括妇女问题、气候变化、环境和减灾等①。

土库曼斯坦已经实现了各经济部门间的大规模转型，经济结构发生了一定改变，农业、运输、通信、贸易等领域对国民经济的积累贡献了巨大力量。当前，土库曼斯坦国民经济中 27% 以上为工业领域、11% 为交通运输和通信，21% 来自贸易和公共服务等。下一步，土库曼斯坦将通过体制改革，实现经济主体的高质量发展。国民经济私营部门将在国家的经济活动中发挥更为积极主动的作用。改善营商环境、实行优惠的税收政策、建立可靠完备的保护和保障私有财产制度等，是未来工作的重要内容。

土库曼斯坦工业家企业家联盟现有会员企业超过 1.6 万家，创造就业岗位约 16 万个。2018 年，联盟工业产品产量增长了 23.7%，农产品与食品产量增长了 14.6%，贸易增长 2.4%，服务业增长 2.1%。《土库曼斯坦 2023 年前建设自由经济区构想》为吸引外资，建立合资企业，组织并实施了进口替代战略规划。《土库曼斯坦土地法修正案》于 2017 年 10 月在土库曼斯坦长老会上通

---

① 资料来源：土库曼斯坦政府网站。

过。该修正案将通过所有制在内的系列改革，引入农业产业的新经济制度，提高农业用地的利用效率，并为土库曼斯坦的法人和公民提供为期99年的土地使用权①。

为人民谋福祉是国家经济和社会发展的决定性要素。土库曼斯坦宪法规定了相关内容，并要求经济领域的工作要以社会公认的原则和工作价值观实施。社会和经济领域的变革必须以土库曼斯坦人民的幸福需求为宗旨目标，这是巩固国家发展的基石。在国家宏观经济指标增长的同时，人民的收入和福利得到改善，满足公民权益、要求和愿望变得越来越现实。土库曼斯坦宪法中所提出的"社会和国家的最高价值是人"的理念，在土库曼斯坦的经济发展战略中得到了充分体现。

土库曼斯坦《国家养老保险法》和《土库曼斯坦人口社会保护法》（2012年）的通过，为解决国家养老金问题提供了法律依据。这些法案为国家养老保险制度的建立提供了法律、经济和组织基础，为国家朝着更加积极的方向实施改革计划、改善人民生活质量提供了法律基础和经济基础。

金融领域改革在确保独立经济活动方面发挥着非常独特的作用。2011年土库曼斯坦批准了"2011—2030年土库曼斯坦银行系统发展国家方案"。依据这一文件和总统关于金融、银行领域改革的倡议，土库曼斯坦即将完成金融和银行系统的改革任务，根据国际标准提高金融和银行系统的服务能力和水平，确保国家货币马纳特的稳定，为实施更大规模的经济改革发挥好金融和银行系统的作用。

为实现上述任务目标，土库曼斯坦加快了银行金融系统的创新转型。在提高银行资本化系数、加强财政资源基础、优化银行监督、增加银行运营量、创新银行生产和引入技术、提高服务质量等方面产生了积极影响。在现代信息技术和计算机程序应用的情况下，土库曼斯坦进一步改善了银行支付服务的效率、可靠性和安全性，积极致力于支付服务现代化，扩大清算结算规模，提升信贷机构服务能力。

与国际和地区组织开展合作，是土库曼斯坦实施可持续发展经济战略的重要组成部分。土库曼斯坦与联合国建立了可持续发展指标系统，针对国家数据库开展了大规模工作，创建了国家统计报告平台，以分享和分析国家经济发展中的信息、指标，为可持续经济战略的制定提供参考依据和规划动力。

高质量经济发展不仅需要法律保障和国家支持，也需要外国投资者的帮

---

① 拉基姆·埃塞诺夫. 土库曼斯坦对外贸易战略研究 ［D］. 海口：海南大学，2019.

助。外国投资面向国民经济生产和社会部门，把握国家和国际两个层面实施大型项目投资的机会。外国的公司和投资参与到土库曼斯坦重工业、纺织业、农业、原材料生产加工、建筑材料生产、旅游、运输和通信、民航铁路和海运等基础设施建设、汽车制造、航天和卫星制造等众多重大领域。国家在对外经济关系中为吸引外国资本的进入做了大量卓有成效的工作，包括出台积极的国家投资政策。

土库曼斯坦负责对外经济合作的国家银行，与权威性的国际金融机构、开发银行和出口信贷机构保持着紧密的合作关系，为国家吸引具有重大战略意义的中长期外国信贷和项目融资发挥了官方代表的作用。根据"2020—2025年土库曼斯坦对外经济活动发展计划"和发展国际伙伴关系的政策文件，土库曼斯坦的国家银行会采取必要措施，与外国投资者一起，共同完成项目合同签订、风险协议签署、提供金融服务、创建合资企业等工作，为外资进入土库曼斯坦提供金融和银行保障。在里海等重大合作项目带动下，外国公司和投资者在许可范围内开展项目开发，国际金融机构的积极参与为土库曼斯坦经济的开放创造了更加欣欣向荣的景象。

国家支持中小企业的发展，为其提供了非常良好的政策环境，国家银行系统为国内私营部门的生产经营活动提供了优惠的信贷和外国融资条件，刺激了土库曼斯坦中小企业的发展，为国家经济多元化和繁荣的市场创造了良好环境。

专业化的教育为经济可持续发展提供了非常关键的现代技术和生产作业的组成要素，新知识、新技能、新产品的转化，充分体现了土库曼斯坦经济的蓬勃活力与巨大潜能。土库曼斯坦的经济更深刻地融入世界市场，参与世界竞争的能力明显增强。在融入国际经济空间的背景下，专业化教育和培训，帮助土库曼斯坦在实现经济战略的要求下更加广泛地拥有各种经济资源，进一步明确了经济发展方向，有利于协调创新技术与国际专家间的合作。

土库曼斯坦的大规模经济改革，以国家经济可持续发展战略为实施任务和目标，以社会为导向，以人民福祉和国家独立为宗旨。30年来，经济可持续发展战略的实施，确保了国家经济各领域发展取得明显成效，市场优势愈发凸显，融入全球经济空间能力显著提升，对外经济合作的能力水平达到新的高度。在新技术、新产品的使用上，土库曼斯坦的竞争力有了极大提高，金融与银行体系的改革为国家经济体系提供了更加良好的环境基础，未来的改革目标更加清晰。土库曼斯坦经济可持续战略实施对国家建设、国民经济发展、民众生活的改善和国际地位的提升发挥着至关重要的作用。

第四节　涉外资的法规与政策

蓬勃发展的经济为土库曼斯坦吸引外资提供了良好条件。根据联合国贸易和发展会议《2020年世界投资报告》公布的数据，2019年土库曼斯坦吸引外资21.66亿美元，至2019年年底，该国吸引外资存量达381.78亿美元。土库曼斯坦的改革开放政策和良好的政策环境，提高了吸引外资的能力。其主要投资来源国有土耳其、中国、日本和韩国等，主要投资领域为能源、化工、交通、通信。根据2015年年底的数据，土库曼斯坦吸引外国直接投资的指数已进入世界前10名。近20年，土库曼斯坦吸引外资总额达到1 172亿美元①。

对外经济贸易合作的需要旺盛，促使土库曼斯坦不断完善国家吸引外资的政策与法律环境。独立之后，土库曼斯坦逐步建立起向市场经济过渡的法律基础，在涉外经济领域出台了一系列法律法规。主要包括：

《所有制法》：承认所有权；全部所有制形式不可侵犯、受平等保护、具有平等的发展条件；所有制形式包括私有、国有、社会团体、合作团体、合资、外国所有、外国法人和公民所有、国际组织所有、混合（联合）所有。

《企业法》：规定企业为独立的经济主体，有法人权利；各种所有制企业均能建立和经营；确立了建立和兼并企业的程序以及组织企业劳动关系和社会活动的程序。

此外还有《征收和私有化法》；建立市场体制的《经营活动法》《股份公司法》《消费合作法》《工商会法》《有价证券和证券交易所法》《有价证券营业税法》《商品原料交易所法》《土库曼斯坦货币法》；税收方面的《增值税法》《利润税法》；协调各级预算关系的《预算体制法》；指导对外经济贸易活动的《对外经济活动法》；确定分配外资的法律基础以及外资参股法人的建立注册和工作程序的《外国投资法》；管理租赁活动的《外国租赁法》；确定自由经济区组建和运作的法律和经济原则，协调区内经济主体之间关系的《自由经济区法》；保证市场经济正常运作的《破产法》《专利法》《产品和服务认证法》《保险法》《审计活动法》《会计统计法》，以及银行业领域的《中央银行法》《商业银行和银行活动法》《抵押法》；农业领域的《农业法》《农民企业法》《向外国出租土地法》《向公民出让土地进行商品和农业生产法》；社会

---

① 资料来源：商务部《对外投资合作国别（地区）指南·土库曼斯坦》第40页。

政策指导与管理的《劳动法典》《居民就业法》《劳动保护法》《残疾人社会保护法》《现役军人及其家属地位和社会保护法》《退伍军人地位和其社会保护保证法》。《土库曼斯坦民法典》是该国私有制、私人利益以及所有者自由支配其财产的保障。

土库曼斯坦还制订了一系列吸引外资和加强国际经济贸易合作的法规和优惠政策。这些政策法规依据不同部门和领域，主要有以下内容[①]：

（1）贸易法规与管理体系

主要有《对外经济活动法》《贸易法》《能源产品外销交易程序》等。对本国产品的出口，土库曼斯坦实行严格的计划配额制度，由国家统一联合经营，价格由国家商品原料交易所进行管控。进口商品则主要通过关税的调节管理，实行许可证管理制度，同样要经过国家商品原料交易所和国家财政经济部等的审核、注册，并需提前获取经纪资格等。2017年6月起，土库曼斯坦对外国供货商采取资质审核制度，必须在国家商品原料交易所注册，否则货物不得清关。

（2）海关与检验检疫

根据2008年8月1日正式生效的《进出口商品海关征税规定》，土库曼斯坦实行严格的进出口商品关税管理制度。2019年9月1日，土库曼斯坦海关又对过关货物实行新的通关要求，规定需在货物上标注类型编号、体积重量、驾驶员与车辆信息，以及收货地点和运输路线等。不符合上述规定的，不予以过境。

2020年4月，土库曼斯坦议会通过了修订和增补土库曼斯坦海关法的议案，对一些涉及商品进出口的场所进行了说明，对部分名词做了更加完善的补充解释。2020年1月起，土库曼斯坦实施通关货物电子报关程序。

土库曼斯坦《动植物检疫规定》规定，对各类动植物产品的进出口（含过境）实行检验检疫，具体由国家动物检疫局、国家植物检疫局和国家标准局等联合负责。

（3）外国投资的法律规定

《土库曼斯坦外国投资法》是规范土库曼斯坦境内外国投资的规范性法律文件。土库曼斯坦内阁、经济和发展部共同负责协调管理外国在土库曼斯坦投资。根据《土库曼斯坦外国投资法》，内阁的主要职责包括：制定国家开展国际投资合作的政策并负责监督落实，确定国家优先引进外资的项目、领域与地

---

① 资料来源：商务部《对外投资合作国别（地区）指南·土库曼斯坦》第50-70页。

区。经济和发展部负责协调外资领域活动，设置管理项目的资料库并提供信息和咨询服务，组织开展外商投资项目的论证、鉴定、注册等。2019 年 6 月，成立跨部门外国投资委员会，负责为积极引进外资创造条件。

在土库曼斯坦，受限制或禁止外国投资的行业主要有：卫生、制药、能源、渔业、航空、食品生产销售、电力、通信、化工产品生产销售等。土库曼斯坦对上述行业（业务）实行许可证管理制度。

外国投资的方式包括与土库曼斯坦法人和自然人共同参股、设立完全属于外国投资者的企业、取得动产和不动产、提供贷款等。投资形式包括外汇、股票、债券、动产和不动产、任何有价值的知识产权等，也包括有偿服务。

（4）企业税收规定

土库曼斯坦实行全国统一的税收制度，建立起以增值税、所得税为核心的税收体系。主要税种包括：增值税、消费税、矿产使用税、财产税、企业利润（所得）税、个人所得税和地方税费。

增值税税率为 15%，纳税人为土库曼斯坦境内从事商品销售、工程建设和设备安装、劳务服务等应税业务的企业、单位和个体经营者、个人。从事国际客货运输和出口货物（石油、天然气及其加工制品除外）免征增值税。

消费税纳税人为土库曼斯坦境内生产和进口应税消费品的企业、单位、个体经营者、个人。2019 年 11 月，土库曼斯坦颁布了新的消费税率法令，实行新税目和税率。

矿产使用税纳税人为土库曼斯坦境内从事矿产资源开发及以提取化学元素或化合物为目的开展地下、地上资源开采开发活动的企业、单位、个体经营者、个人。其中，原油税率为 10%，天然气和伴生气为 22%。

财产税纳税人包括拥有财产所有权的企业、单位，税率为 1%。

企业利润（所得）税纳税人为土库曼斯坦本国企业及在土库曼斯坦通过长期经营（工厂、商店等）开展活动或有收入来源的外国企业，本国企业税率为 8%，外国企业为 15%～20%，股息、红利税为 15%。

个人所得税为在土库曼斯坦定居并有收入来源的土库曼斯坦公民和外国公民，税率为 10%。

地方税费包括停车场经营性收费、广告费（3%～5%）、城乡土地建设专项收费等。

第四章 对外经济贸易

2020 年 5 月，世界贸易组织经过视频会议，决定接纳土库曼斯坦为世界贸易组织观察员，土库曼斯坦因此成为 15 个苏联加盟共和国中最后一个尝试与世界贸易组织建立正式关系的国家。

第一节 土库曼斯坦的贸易政策

近年来，土库曼斯坦加大了国民经济多样化和创新机制建设，贸易成为国民经济部门中发展最为活跃的部门之一，清晰地反映出国家经济改革和市场关系变化的趋势。2020 年 10 月，在首尔举行的北方经济合作国际论坛视频会议上，别尔德穆哈梅多夫发言时提出推进欧亚经济综合发展新计划和新战略愿景。在土库曼斯坦，这被称为"伟大丝绸之路的复兴"，强调的是这一伟大历史延续中各国和各国人民间的独特关系。土库曼斯坦的传统经济行业，如石油和天然气、电力、农业、建筑、运输、通信，新兴经济部门如化工、纺织、剪裁、电信和其他高科技行业，在国家发展计划和方案支撑下不断取得新的进展。

一、新的贸易战略[①]

针对不同的国内外贸易形势，土库曼斯坦采取了不同的贸易战略，以实现对外经济贸易的利益最大化。

1. 进口替代战略

进口替代战略是以本国产品满足消费者需求、替代进口产品消费的贸易模式。该战略下，一方面需要通过增加关税和严格进口配额等，限制进口产品；另一方面要大力支持本国产业和产品的升级优化，实现国外产品的战略替代，

---

① 埃塞诺夫. 土库曼斯坦对外贸易战略研究［D］. 海口：海南大学，2019.

减少对国外产品的依赖度，提高本国产品的市场竞争力和影响力。该战略短期可促进国家有关工业品的生产，为国家的工业化发展创造更为有利条件，通过改善和促进本国产品的发展，达到替代进口产品的作用，但从长期来看，这一发展战略会导致本国的经济发展模式始终处于较为落后的状态。

2. 出口导向贸易战略

出口导向贸易战略是指国家实施鼓励产品出口、改善产业结构以增加外汇收入并推动国民经济发展的一种战略选择。通过贸易相关的税收优惠和补贴等政策，鼓励本国企业产品走向国际市场，在出口的带动下拉动本国经济和贸易结构升级，提高国家的产品竞争力和市场影响力。作为一种外向型战略，出口导向战略能够通过产品出口不断推进市场经济化进程，将国家的资源优势转化为产品优势、贸易优势，进而带动整个国民经济的快速发展。

3. 初级产品出口战略

该战略又称初级外向发展战略，旨在加强出口以初级产品为主，重点在于利用本国比较优势明显的自然资源或其他生产要素类产品，参与国际贸易活动，鼓励本国初级产品和劳动密集型产品的出口。该战略下的出口产品附加值较低，技术含量不高，难以与本国国民经济融合发展，且受国际市场供需价格变化影响大，易引发竞争下比较优势逐步丧失或贸易条件恶化后的战略风险。因此初级产品出口战略对国民经济发展的促进作用较有限。

4. 平衡发展战略

该战略主张各部门齐头并进，平衡发展，因此要求通过产业间相互补充来发展各领域部门经济。该战略重视投资和宏观计划，需要根据国家不同产业、不同地区和不同发展目标，制定不同的对外经济贸易战略。这是一种综合性多元化经济贸易战略，是一种集产品、产业、市场、企业等为一体的综合性竞争优势的发展战略。

二、贸易原则①

1. 贸易领域全球化

全球化为土库曼斯坦带来了发展的机会，也为国家近年来的国民经济高速发展提供了可能。一方面，土库曼斯坦密切了与传统经济伙伴的经济贸易关系，加强了与周边国家的经贸合作；另一方面，其与世界发达国家之间的贸易活动也逐步增加。此外，土库曼斯坦与国际组织间的合作顺畅，加入 WTO 的

---

① 埃塞诺夫. 土库曼斯坦对外贸易战略研究 [D]. 海口：海南大学，2019.

进程也已开启，从而为国家未来经济发展提供了更为广阔的空间。

2. 贸易方式多样化

土库曼斯坦传统对外经济贸易活动主要为边境贸易和一般贸易。随着国内外形势的变化与全球经济结构的调整，土库曼斯坦开始转变经济贸易发展重心，更加重视利用好区位与资源优势，发挥具有本国特色的产业，形成规模化加工业园区，大力推进加工贸易的发展，带动传统优势产业的转型升级。同时，土库曼斯坦的旅游业、服务业、手工业等也将成为刺激国家贸易发展的新兴产业。

3. 贸易主体多元化

贸易主体多元化分两个层次：一是土库曼斯坦国内对外贸易活动的制度性、程序性变化，吸引越来越多的民营企业加入出口企业行列，增加了土库曼斯坦对外经济贸易活动的实践载体；二是土库曼斯坦逐渐有针对性地选择出口对象，合理开发不同地区的资源，更为紧密地结合产品的出口，从而实现了经济动能和效益的最大转化。

4. 贸易手段现代化

现代科技的发展为经济贸易活动增添了选择余地。新型贸易方式加速了贸易的变革进程，保障了贸易安全，推动了贸易的深入发展，提高了贸易的质量。近年来，土库曼斯坦加快了融入世界市场的步伐，采取了有针对性的改革措施，引入现代高科技贸易手段，调整贸易结构，转变贸易策略，转变贸易观念，为土库曼斯坦的经济贸易活动提供了更高效能的增长动力与活力。

三、商品原料交易所

土库曼斯坦国家商品原料交易所（以下简称"商交所"）是土库曼斯坦进出口业务管理机构，成立于 1994 年。土库曼斯坦规定所有的国家商品和原材料都必须到 SCRME 登记。土库曼斯坦商交所业务范围是综合性的，通过交易管控智力、艺术、不动产以外的各种商品物资价格。商交所除了具有批发市场中介和组织者的基本功能外，还负责监控国家登记签订的内外贸合同的商品价格和成本。商交所的专家负责评估产品进出的合理性，分析影响商品和产品进出口的各种因素。

土库曼斯坦和其他国家各种所有制形式的企事业单位和公民通过获得经纪地位或者与商交所经纪人签订服务合同的方式，按商交所业务程序实现交易。在实际执行过程中，在土库曼斯坦境内签订的所有贸易和工程合同，都要通过商交所审核。

2016 年 1—2 月，土库曼斯坦商交所共进行了 40 笔交易，包括 2 172 项合同，总金额 42 亿马纳特。其中，进出口额超过 24 亿马纳特，建筑合同超过 11 亿马纳特。其间，获得投资 6 100 万马纳特，比 2015 年同期增长 73.1%。

目前，通过商交所销售的土库曼斯坦民族产品主要向 40 多个国家出口，包括土耳其、中国、俄罗斯、阿联酋、伊朗、德国、美国、英国、乌克兰、瑞士等，主要出口产品有石油制品、棉花、纺织和化工产品等。

根据国家新的法律规定，2017 年 6 月 1 日起，土库曼斯坦境内所有进口商品在清关前必须获得国家商交所的盖章。这一规定被认为是国家加强外汇和贸易管控的重要举措。

第二节　土库曼斯坦对外贸易现状

对外贸易是土库曼斯坦经济生活中的重要方面。在对外贸易活动中，土库曼斯坦的出口一直处于强势地位，主要出口物资以天然气、原油、皮棉和纺织品为主，进口多为日用品、机械设备、食品、药品等。土库曼斯坦对外贸易进出口额如表 4-1 所示。

表 4-1　土库曼斯坦对外贸易进出口额① 　　单位：亿美元

年份	出口	进口	进出口额	顺（逆）差
2008	119.45	56	175.45	63.45
2009	50	68	118	-18
2010	65	57	122	8
2011	130	76	206	54
2012	165	99	264	66
2013	168	100	268	68
2014	175	100	275	75
2015	100	70	170	30
2016	69.64	49.9	119.54	19.74
2017	74.6	45.7	120.3	28.9

数据来源：土库曼斯坦国家统计委员会。

---

① 埃塞诺夫. 土库曼斯坦对外贸易战略研究［D］. 海口：海南大学，2019.

图 4-1 更为清晰地展示了土库曼斯坦进出口贸易额较大幅度的变化。受金融危机等因素影响，2009—2010 年土库曼斯坦的进出口贸易额下滑较为明显。此后一路上扬，至 2014 年达到高点。2015 年受多重因素影响，土库曼斯坦进出口额再次出现大幅下滑，在 2017 年后逐步企稳。

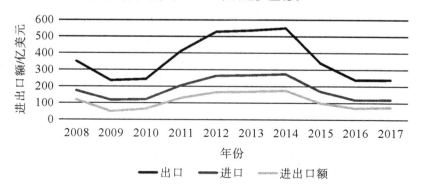

图 4-1　2008—2017 年土库曼斯坦对外贸易进出口额①

土库曼斯坦的货物进出口一直受到国家严格管控。从数值上看，土库曼斯坦的出口额长期大于进口额，保持着进出口顺差，部分年份如 2012—2014 年，顺差额较大（见图 4-2）。进出口贸易顺差为土库曼斯坦赢得了更多的外汇储备，为国家的经济社会改革与发展提供了坚强保障。

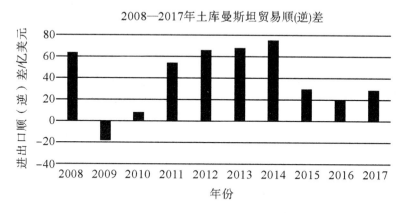

图 4-2　土库曼斯坦进出口顺（逆）差统计（2008—2017 年)②

①　埃塞诺夫. 土库曼斯坦对外贸易战略研究 [D]. 海口：海南大学，2019.
②　本图根据前文数据计算后绘制。

土库曼斯坦的贸易对象国主要有俄罗斯、中国、土耳其、伊朗、阿联酋等邻近国家以及欧盟的发达国家等。2016 年土库曼斯坦十大贸易伙伴国依次为中国、土耳其、伊朗、俄罗斯、阿联酋、意大利、阿富汗、英国、韩国和日本。2017 年，土库曼斯坦同上述 10 国的贸易额约 740 亿美元，占其外贸总额近 80%，贸易顺差达 28 亿多美元（见图 4-3）。

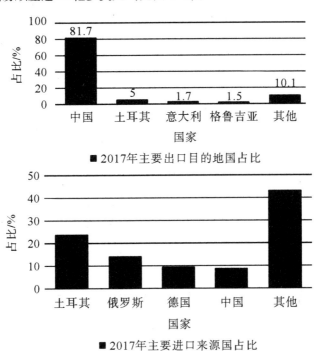

图 4-3　土库曼斯坦 2017 年出口目的地国和进口来源国分布①

　　土库曼斯坦的进口物资分布广泛。为有效管理国家外汇支出，土库曼斯坦的进口侧重于国民经济发展必需的核心领域，如机械设备、钢铁机器制品、化工产品、水泥等，医药、食品、塑料等，民生必需品也在进口物资前列。2020 年土库曼斯坦进口商品统计如表 4-2 所示。

---

　　①　资料来源：2018 年 11 月 EIU 报告。

表 4-2 2020 年土库曼斯坦进口商品统计①

商品代码	商品标签	2020 年进口商品价值/千美元	2016—2020 年均增长/%	2019—2020 年均增长/%	占世界出口份额/%	世界出口排名	与进口国的距离/km
84	机械与机械设备	631 825	−19	1	0	113	4 242
73	钢铁制品	344 590	−11	−3	0.1	84	2 728
85	电动机械设备、电视等	289 110	−16	−2	0	129	3 073
87	车辆及零配件	229 613	−3	7	0	131	4 248
72	钢铁	184 106	9	79	0.1	108	2 544
30	药品	130 485	4	16	0	134	2 937
94	家具与床上用品	103 182	−2	37	0	96	3 452
38	杂项化学产品	92 723	−2	25	0	115	3 238
44	木材和木制品	90 754	−4	81	0.1	86	3 020
39	塑料及其制品	87 791	−13	−27	0	142	2 363
90	光学、测量和医疗器材等	66 721	−20	36	0	133	3 639
15	动植物油脂、食用脂肪	64 594	5	114	0.1	121	2 233
40	橡胶及其制品	58 582	8	−3	0	123	3 518
68	石灰水泥等及其制品	57 131	12	19	0.1	80	3 091
76	铝及其制品	53 246	−14	84	0	110	2 612
17	糖和糖果	45 261	−4	12	0.1	117	1 896
31	肥料	40 544	56	6	0.1	107	1 136
34	肥皂、表面活性剂、洗涤剂等	38 319	2	−3	0.1	127	2 438
33	精油、香水、化妆品	37 748	−4	−4	0	135	2 593
21	各种食用制剂	36 366	0	19	0	142	2 859
27	矿物燃料、沥青等	35 465	−16	−26	0	188	2 877
32	鞣制或染色提取物、染料	33 684	−10	−12	0	117	2 163
88	飞机、航天器及零件	32 332	−17	253	0	90	11 908

---

① 联合国商品贸易统计数据库。

表4-2（续）

商品代码	商品标签	2020年进口商品价值/千美元	2016—2020年均增长/%	2019—2020年均增长/%	占世界出口份额/%	世界出口排名	与进口国的距离/km
25	盐、硫黄、石灰和水泥	31 846	-3	-4	0.1	134	1 255
48	纸、纸浆、纸板	25 953	1	-26	0	150	3 062
19	谷物、面粉、淀粉等制剂类商品	23 060	-14	15	0	153	2 054
07	蔬菜、某些根茎植物	21 798	36	222	0	132	1 721
02	肉类和内脏	21 612	-16	15	0	132	4 277
69	陶瓷制品	21 559	-11	60	0	142	2 932
08	水果、坚果等	21 438	5	-27	0	120	1 441
11	制粉业产品、麦芽、淀粉、小麦面筋	20 503	-4	21	0.1	121	1 832
28	无机化学品、贵金属与稀土金属有机或无机化合物	18 925	25	-14	0	134	2 744
22	饮料、烈酒、醋	18 626	9	3	0	161	2 467
10	谷物	17 953	20	-66	0	166	1 725
70	玻璃及其制品	17 347	-22	70	0	131	2 084
54	人造丝状物	16 553	13	42	0	118	3 692
83	贱金属杂项制品	16 350	-12	8	0	132	2 705
18	可可和可可制剂	14 944	-14	11	0	108	2 412
55	人造短纤维	14 688	39	14	0	117	4 427
23	食品工业残留物、动物饲料	14 538	24	-10	0	139	2 185
61	针织品及配件	12 829	-11	33	0	139	2 875
04	乳制品、鸟蛋、蜂蜜等	12 215	-26	19	0	168	2 782
56	棉絮、毛毡、绳索等	11 843	21	27	0	111	2 177
93	武器弹药及零配件	11 564	-28	521	0.1	60	4 241
71	天然珍珠、宝石等	11 448	10	-69	0	111	1 974
82	贱金属制品、餐具等	10 769	-9	-13	0	139	3 483
29	有机化学品	10 737	15	28	0	141	3 174
96	杂项制品	10 636	-9	22	0	147	2 669

表4-2（续）

商品代码	商品标签	2020年进口商品价值/千美元	2016—2020年均增长/%	2019—2020年均增长/%	占世界出口份额/%	世界出口排名	与进口国的距离/km
49	印刷品、报纸等	10 296	24	158	0	127	3 845
64	鞋类	9 998	−17	17	0	147	2 306
12	油籽、杂粮、种子和水果	9 608	−6	−4	0	123	2 588
62	非针织服装及配件	9 156	−25	25	0	158	2 587
95	玩具、运动产品及其零部件	9 078	−19	220	0	131	3 869
06	活树和其他植物、切花等	8 974	−5	−21	0	76	2 641
24	烟草和人造烟草制品	8 107	25	−73	0	154	1 646
63	其他纺织品、旧衣物	7 950	−24	80	0	175	2 742
86	铁路机车或有轨电车机车及其配件	7 414	−41	4	0	104	2 575
57	地毯和其他铺地织物	7 214	—	−16	0.1	91	1 595
35	类蛋白物质、胶水	7 064	−4	−11	0	124	2 256
09	咖啡、茶等	6 335	−14	−62	0	139	1 942
89	船舶及浮式结构物	5 833	−39	−79	0	130	2 293
99	其他未指明的商品	5 125	−55	−88	0	144	—
20	蔬菜、水果、坚果等的制剂产品	3 951	−30	−19	0	180	2 401
60	针织或编织面料	3 603	45	47	0	119	3 997
16	肉类、鱼类或其他水产品加工设备	3 338	−20	76	0	179	2 412
42	皮革、旅行包等	3 230	5	134	0	153	3 909
59	浸渍或涂层压织物	3 014	−15	8	0	131	2 593
58	特种机织物、绣花	2 748	33	66	0	119	2 712
74	铜及其制品	2 250	−14	7	0	143	2 597
01	活畜	1 772	−10	−88	0	137	2 888
92	乐器及零配件	1 403	51	290	0	91	4 353
46	草编织物、柳条制品	1 345	215	179	0	70	2 467

表4-2（续）

商品代码	商品标签	2020年进口商品价值/千美元	2016—2020年均增长/%	2019—2020年均增长/%	占世界出口份额/%	世界出口排名	与进口国的距离/km
91	钟表及部件	1 324	−21	6	0.1	143	4 248
36	炸药、烟火、可燃制剂	1 280	−14	−66	0	138	4 483
53	其他植物纺织纤维	1 101	3	−44	0	94	2 553
03	其他植物纺织纤维、纸纱等	970	−16	19	0	191	2 154
37	摄影商品	873	8	−55	0	135	3 182
52	棉花	826	10	−32	0	161	3 162
05	非指定动物源性产品	809	1	−6	0	117	4 941
47	木材和其他纤维制纸浆、回收纸制品	755	10	−39	0	112	3 186
13	虫胶、树脂等	508	−1	22	0	140	2 149
51	羊毛、其他动物毛等	295	−21	−74	0	110	2 529
79	锌及其制品	254	3	−11	0	136	2 289
81	其他贱金属	225	−17	147	0	111	2 385
65	头饰及配件	181	−33	−41	0	182	3 834
14	植物编织材料	175	−1	−65	0	105	2 279
67	羽毛羽绒及制品	174	−19	178	0	173	4 408
78	铅及其产品	161	7	−25	0	123	2 996
75	镍及其制品	158	−8	−79	0	118	3 350
45	软木及软木制品	154	−9	−15	0	114	1 706
50	丝绸	148	10	−66	0	102	2 287
26	矿石、矿渣、灰	127	11	−97	0	151	1 766
66	伞、拐杖等	114	−19	122	0	178	3 363
80	锡及其制品	65	−3	309	0	133	2 871
43	毛皮和人造毛皮等	47	−33	410	0	114	5 908
41	生皮兽皮（毛皮除外）及皮革	21	−45	−66	0	151	2 246
97	艺术和收藏品	9	−69	—	0	192	2 725

与进口商品相比，土库曼斯坦出口产品的种类相对单一，能源产品、船舶机械、棉花矿产品及纺织品占较明显的优势。2020 年土库曼斯坦出口商品统计如表 4-3 所示。

表 4-3　2020 年土库曼斯坦出口商品统计①

商品代码	商品标签	2020 年出口商品价值/千美元	2016—2020 年均增长/%	2019—2020 年均增长/%	占世界出口份额/%	世界出口排名	与进口国的距离/km
27	矿物燃料、沥青等	6 823 616	4	−30	0.5	38	4 632
89	船舶及浮式结构物	195 968	30	3 420	0.2	37	2 264
31	肥料	195 927	50	44	0.4	38	5 967
52	棉花	180 758	−22	−28	0.4	31	2 391
39	塑料及其制品	145 281	19	15	0	80	2 081
25	盐、硫黄、石灰和水泥	44 123	12	−25	0.1	81	5 437
74	铜及其制品	42 745	3 562	5 694	0	82	2 280
63	其他纺织品、旧衣物	38 728	7	17	0	75	2 009
07	蔬菜、某些根茎植物	38 578	121	55	0.1	86	1 946
28	无机化学品、贵金属与稀土金属有机或无机化合物	23 103	17	42	0	88	3 298
13	虫胶、树脂等	19 864	3	18	0.3	41	3 286
54	人造丝状物	10 266	318	126	0	65	2 112
62	非针织服装及配件	8 672	−18	25	0	102	2 270
84	机械与机械设备	6 564	−21	−75	0	148	1 887
70	玻璃及其制品	6 363	282	−34	0	89	687
41	生皮兽皮（毛皮除外）及皮革	5 805	−8	−23	0	81	2 080
56	棉絮、毛毡、绳索等	3 647	176	401	0	86	2 189
83	贱金属杂项制品	3 003	282	2 330	0	84	2 280
51	羊毛、其他动物毛等	2 932	−4	−43	0	62	3 170

---

① 联合国商品贸易统计数据库。

表4-3（续）

商品代码	商品标签	2020年出口商品价值/千美元	2016—2020年均增长/%	2019—2020年均增长/%	占世界出口份额/%	世界出口排名	与进口国的距离/km
69	陶瓷制品	1 489	373	76	0	98	1 061
38	杂项化学产品	1 424	1	−20	0	127	700
68	石灰水泥等及其制品	1 358	130	0	0	109	776
14	植物编织材料	1 325	−41	−76	0.1	60	4 884
73	钢铁制品	1 249	−28	164	0	150	1 344
87	车辆及零配件	1 247	−16	−79	0	157	897
20	蔬菜、水果、坚果等的制剂产品	1 206	50	−32	0	133	2 825
99	其他未指明的商品	1 097	−2	−62	0	131	
08	水果、坚果等	973	3	−69	0	146	2 678
76	铝及其制品	904	108	695	0	150	2 282
61	针织品及配件	862	−16	−22	0	123	2 541
85	电动机械设备、电视等	773	4	−80	0	193	3 491
21	各种食用制剂	606	133	329	0	144	5 120
94	家具与床上用品	546	31	−11	0	145	2 927
60	针织或编织面料	502	−22	−16	0	89	2 456
19	谷物、面粉、淀粉等制剂类商品	443	85	13	0	138	2 029
48	纸、纸浆、纸板	407	96	−5	0	148	731
90	光学、测量和医疗器材等	404	−12	−80	0	178	3 582
10	谷物	375	—	480	0	125	793
12	油籽、杂粮、种子和水果	372	−34	−67	0	152	3 748
23	食品工业残留物、动物饲料	342	—	−30	0	154	640
24	烟草和人造烟草制品	326	—	—	0	137	2 279
05	非指定动物源性产品	279	142	37	0	114	1 109
55	人造短纤维	273	20	−29	0	104	1 528

表4-3(续)

商品代码	商品标签	2020年出口商品价值/千美元	2016—2020年均增长/%	2019—2020年均增长/%	占世界出口份额/%	世界出口排名	与进口国的距离/km
88	飞机、航天器及零件	240	−37	−55	0	145	4 849
34	肥皂、表面活性剂、洗涤剂等	239	−3	−46	0	143	1 022
64	鞋类	203	96	13	0	141	2 267
32	鞣制或染色提取物、染料	197	30	60	0	137	2 525
78	铅及其产品	188	—	—	0	121	2 279
18	可可和可可制剂	172	40	1	0	137	2 019
17	糖和糖果	171	49	−54	0	141	1 855
58	特种机织物、绣花	167	−50	−63	0	97	2 248
57	地毯和其他铺地织物	164	25	−84	0	97	3 033
50	丝绸	163	−15	−52	0	52	5 024
47	木材和其他纤维制纸浆、回收纸制品	158	—	55	0	116	640
97	艺术和收藏品	149	−2	−57	0	119	9 024
96	杂项制品	112	23	65	0	139	3 768
59	浸渍或涂层压织物	109	38	35	0	108	2 283
30	药品	88	−15	−18	0	171	640
42	皮革、旅行包等	79	68	470	0	140	4 424
95	玩具、运动产品及其零部件	77	208	227	0	150	1 867
72	钢铁	56	61	−11	0	203	1 305
16	肉类、鱼类或其他水产品加工设备	56	23	−80	0	148	727
06	活树和其他植物、切花等	50	−33	944	0	118	2 279
40	橡胶及其制品	49	−23	420	0	170	3 736
86	铁路机车或有轨电车机车及其配件	48	−7	−92	0	146	1 182
33	精油、香水、化妆品	43	56	−83	0	184	1 034

表4-3(续)

商品代码	商品标签	2020年出口商品价值/千美元	2016—2020年均增长/%	2019—2020年均增长/%	占世界出口份额/%	世界出口排名	与进口国的距离/km
22	饮料、烈酒、醋	41	−1	351	0	190	839
15	动植物油脂、食用脂肪	39	−82	−90	0	179	2 279
44	木材和木制品	33	116	−56	0	192	1 222
09	咖啡、茶等	30	−15	−3	0	181	640
29	有机化学品	28	34	−93	0	170	5 024
49	印刷品、报纸等	25	32	−90	0	169	2 509
82	贱金属制品、餐具等	19	−30	48	0	176	2 931
66	伞、拐杖等	11	194	—	0	97	2 279
35	类蛋白物质、胶水	1	−49	—	0	166	11 730

从进出口国别分析来看，土库曼斯坦从俄罗斯进口了大量技术、运输设备和物资，用于原材料的开发和管道建设。阿联酋是土库曼斯坦重要的化工产业技术提供者，并积极介入里海能源开发工程。土耳其公司在土库曼斯坦建筑部门大量参与工程建设，土尔其在土库曼斯坦贸易伙伴国中地位重要。2010年以来，中国与土库曼斯坦的贸易合作关系日益密切，已经成为该国重要的设备供应国。美国和白俄罗斯主要为土库曼斯坦提供农业机械设备等。

能源产品是土库曼斯坦重要的出口商品，其中以天然气最为突出。土库曼斯坦的能源产品在国际能源出口市场占有一席之地。2020年土库曼斯坦能源商品出口统计如表4-4所示。

表4-4 2020年土库曼斯坦能源商品出口统计①

商品代码	商品标签	2020年出口商品价值/千美元	2016—2020年均增长/%（按价值计算）	2016—2020年均增长/%（按数量计算）	2019—2020年均增长/%（按价值计算）	占世界出口份额/%	世界出口排名
2711	石油气体和其他气态碳氢化合物	6 064 236	4	−1	−30	2.6	11
2709	石油和其他矿物提取油、原油	398 307	1	—	5	0.1	45

① 联合国商品贸易统计数据库。

表4-4(续)

商品代码	商品标签	2020年出口商品价值/千美元	2016—2020年均增长/%（按价值计算）	2016—2020年均增长/%（按数量计算）	2019—2020年均增长/%（按价值计算）	占世界出口份额/%	世界出口排名
2710	石油和其他矿物提取油（不含原油）	233 677	−2	−7	−67	0	73
2716	电能	92 917	—	—	609	0.3	48
2713	油焦、石油沥青和其他石油，或从其他中获取的石油残渣	28 828	−13	—	−78	0.2	42
2715	沥青胶泥、稀释沥青、沥青混合料等	4 406	—	—	−3	0.3	29
2707	高温煤焦油蒸馏提取的石油和其他产品等	1 244	—	—	—	0	57

土库曼斯坦拥有丰富的天然气资源，是重要的天然气出口大国。但地理位置的特殊性制约了土库曼斯坦天然气行业的发展。土库曼斯坦长期致力于天然气出口管道建设多元化的政策，积极奉行与各国开展平等多样的国际合作，努力打造一个多变量的运输和管道基础设施体系，为土库曼斯坦能源资源走向世界创造条件。为实现国家天然气出口目标，土库曼斯坦计划了一系列天然气出口管线。这些管线尽可能四通八达，以满足天然气管线多元化要求。土库曼斯坦主要天然气出口计划线路与输气量如表4-5所示。

表4-5　土库曼斯坦主要天然气出口计划线路与输气量

管线名称	管线计划产能
土库曼斯坦—中国管道	650亿立方米/年（不含D线）
俄罗斯	100亿立方米/年
伊朗	200亿立方米/年
土库曼斯坦—阿富汗—巴基斯坦—印度（TAPI）管道	330亿立方米/年
跨里海天然气管道	300亿立方米/年

按上述管线全部顺利投产并达到设计产能计算，土库曼斯坦总出口量将达1 600亿~1 700亿立方米/年，上述已签约出口量30年内可达5.4万亿立方米。

2018年土库曼斯坦开始大力推动TAPI管线。2018年3月总统别尔德穆哈梅多夫访问了海湾多国，为TAPI管线建设争取国际投资支持，同时呼吁加强土库曼斯坦与中东国家的合作。2020 年，围绕土库曼斯坦—阿富汗—巴基斯坦—印度（TAPI）管道建设，土库曼斯坦加强了与相关国家的合作。8 月，关于在阿富汗领土上为建设 TAPI 管线提供土地的谅解备忘录签字仪式在喀布尔举行。9 月，其他相关重要文件相继签署，以推进土库曼斯坦和阿富汗之间的基础设施建设项目进程。同期实施的还有土库曼斯坦—阿富汗—巴基斯坦（TAP）电力和光纤通信工程、铁路建设项目。

经济实力增强的同时，土库曼斯坦的对外贸易依存度也在稳步下降（见表 4-6）。

表 4-6 土库曼斯坦 2008—2017 年对外贸易依存度

年份	GDP/亿美元	出口/亿美元	出口依存度/%	进口/亿美元	进口依存度/%	进出口额/亿美元	贸易依存度/%
2008	192.72	119.45	61.98	56	29.06	175.45	91.04
2009	202.14	50	24.74	68	33.64	118	58.38
2010	225.83	65	28.78	57	25.24	122	54.02
2011	292.33	130	44.47	76	26	206	70.47
2012	351.64	165	46.92	99	28.15	264	75.08
2013	391.98	168	42.86	100	25.51	268	68.37
2014	435.24	175	40.21	100	22.98	275	63.18
2015	358	100	27.93	70	19.55	170	47.49
2016	361.8	69.64	19.25	49.94	13.08	119.58	33.05
2017	379.26	74.6	19.66	45.7	12.05	120.3	31.72

由图 4-4 可见，土库曼斯坦的贸易依存度从 2008 年超过 90% 到 2017 年的 31.72%，降幅非常大。这一方面反映出土库曼斯坦的经济社会改革带来了国民经济的高速发展，另一方面也反映出国民经济对外贸的依赖性降低，但并不意味着对外贸易总量的减少。相反，随着土库曼斯坦加快推进对外出口战略的实施，对外经济贸易活动的成效日益显现。

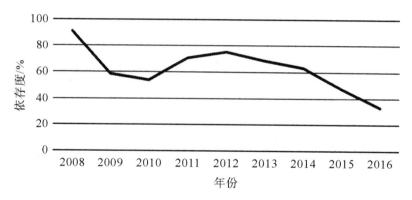

图 4-4　土库曼斯坦 2008—2017 年贸易依存度①

2021 年 1—8 月，土库曼斯坦经济取得了新的发展成就。对外贸易营业额达到 91.92 亿美元，其中出口 54.72 亿美元，进口 37.21 亿美元，贸易顺差 17.51 亿美元。1—8 月对土库曼斯坦的投资主要集中在以下方面：石油天然气 49%，化工工业 18%，电力 11%，农业 10%，运输交通 10%，其他 2%。投资国家按投资额大小大致占比如图 4-5 所示：

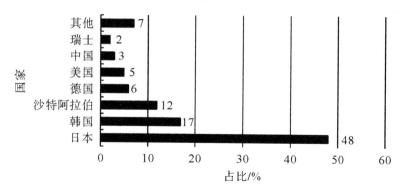

图 4-5　2021 年 1—8 月土库曼斯坦国外投资占比情况统计（国别）

公共外债约占国家 GDP 的 11%。同期，土库曼斯坦商业银行与外国金融机构缔结多项协议，投资额超过 2.36 亿美元，用于发展农业、绿色能源、运输、化工和实施中小企业项目（见图 4-6 至图 4-8）。

① 埃塞诺夫. 土库曼斯坦对外贸易战略研究 ［D］. 海口：海南大学，2019.

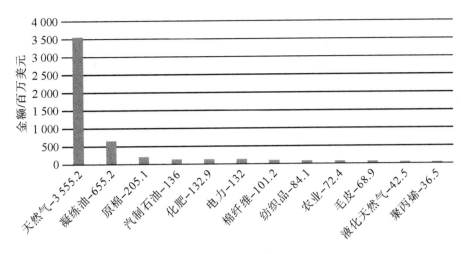

图 4-6　2021 年 1—8 月土库曼斯坦出口商品金额统计

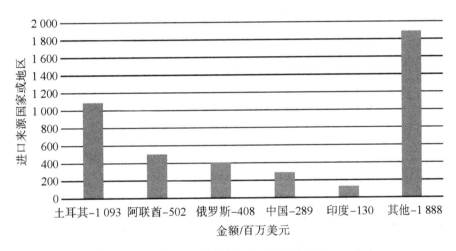

图 4-7　2021 年 1—8 月土库曼斯坦进口前 5 位国家统计

能源出口多元化带来了外国投资额的逐年稳步增长，合资企业数量不断增加。土库曼斯坦能源部门正在创建新的主要是加工业的国际合作，并将欧洲和中亚与里海盆地的国际联运作为未来能源出口合作的突破方向。目前，土库曼斯坦依靠中亚联合能源系统向阿富汗、伊朗、土耳其、塔吉克斯坦和其他地区国家出口电力。未来土库曼斯坦还将不断挖掘国家电力和能源行业潜能，建造新的发电厂和输电线路，至 2024 年将国家发电总量增加到 330 亿千瓦时。

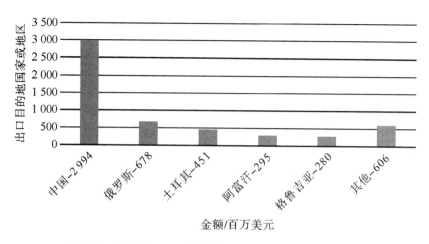

图 4-8　2021 年 1—8 月土库曼斯坦出口前 5 位国家统计

　　源自土库曼斯坦的中国—中亚天然气管道，是该行业领域最具雄心的项目。在不断开发新的天然气田的同时，加强油气田运营，提高石油和天然气行业多样化水平，增强石油化工、天然气加工和电力相关的大型工业设施建设，是下一步坚定发展的工作内容。为此，土库曼斯坦于 2019 年 6 月建成投产世界上第一家天然气合成汽油的生产工厂。该工厂的建成不仅创造了新的吉尼斯世界纪录，也获得了瑞士联邦理工学院和美国"绿色"环保基金的创新技术证书。土库曼斯坦还将在 2019—2025 年国家社会经济发展计划基础上，在全国各地建造新的工厂，用于生产聚乙烯和聚丙烯、橡胶和聚苯乙烯、聚醋酸乙烯、甲醇等。上述计划的实施将有助于加快土库曼斯坦的工业化速度，提高国民经济的竞争力和出口潜力。

　　土库曼斯坦重视运输和通信建设，近年来加大了在铁路、高速公路、港口、管道运输方面的投入，以确保国家战略的实施获得可持续发展的基础设施保障。通过这些纵横交错的运输和通信网络，土库曼斯坦将成为世界上重要的国际过境运输通道，成为连接东西南北交错运输网络中重要的国际中转中心，这也有利于形成与周边国家开展国际商业合作的良好氛围，发展兄弟般的友谊关系。总统别尔德穆哈梅多夫多次就加强区域和区域间经济合作指示交通运输部门下大力气开展大型国际项目建设。2017 年 10 月土库曼斯坦决定，2018—2024 年将投入约 13 亿马纳特，用于改善和发展土库曼斯坦的运输网络。

　　独立后的土库曼斯坦，加大了出口导向型纺织业的现代化和机械化，建造并投入运营约 60 个配备先进机械的防治综合体或企业。土库曼斯坦约 80% 的纺织制成品出口欧盟、美国、加拿大、俄罗斯、土耳其、匈牙利、中国、波罗的海三国、乌克兰等，为土库曼斯坦的出口贸易增添了新的荣耀。

第三节　中土经济贸易合作

以中国—中亚天然气管道为开端，中国与土库曼斯坦之间的经济贸易关系发展快速。土库曼斯坦已经发展为中国重要的能源合作伙伴。

2009 年 12 月 15 日，起自土库曼斯坦、经乌兹别克斯坦和哈萨克斯坦，进入中国新疆霍尔果斯的天然气管道开始通气。该管道境外全长 1 833 千米，为世界之最。管道的通气标志着地区合作开启新的篇章，也是中土友好关系成就的一个展示。中国与土库曼斯坦双边贸易统计如表 4-7 所示。

表 4-7　中国与土库曼斯坦双边贸易统计表①

年份	中国出口		中国进口		顺（逆）差数额/亿美元
	数额/亿美元	增幅/%	数额/亿美元	增幅/%	
2005	0.91	7.5	0.19	36.7	0.72
2006	1.63	78.9	0.16	−16.1	1.47
2007	3.02	86.1	0.49	207.0	2.53
2008	8.56	183.2	0.32	−35.4	8.24
2009	9.16	7.0	0.38	21.1	8.78
2010	5.22	−43.0	10.45	2 616.5	−5.23
2011	7.86	50.5	46.93	349.3	−39.07
2012	17.00	116.4	86.70	84.7	−69.70
2013	11.42	−32.8	88.93	2.6	−77.51
2014	9.54	−16.1	95.16	7.0	−85.62
2015	8.17	−14.4	78.28	−17.7	−70.11
2016	3.38	−58.5	55.63	−28.9	−52.25
2017	3.68	8.8	65.75	18.2	−62.07
2018	3.17	−13.9	81.19	23.5	−78.02

---

① 资料来源：中国国家海关总署网站，综合各年份统计数据所得。

图 4-9 能更清晰准确地展示了中土贸易往来发生的巨大变化。

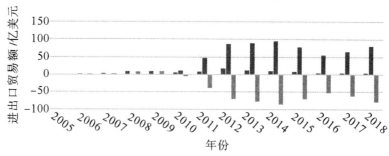

图 4-9　2005—2018 年中土进出口贸易额①

中土经贸合作关系的稳步快速发展，得益于一系列双边协议的签署。两国建交后先后签署了《双边贸易合作协定》（1992 年）、《关于鼓励和相互保护投资协定》（1992 年）、《中国向土库曼斯坦提供优惠贷款协定》（1994 年）、《土库曼斯坦工商会和中国贸促会合作协定》（1994 年）、《科技合作协定》（1998 年）等。1998 年 8 月，两国还建立了政府间经贸合作委员会，定期开展工作。

2012 年中国成为土库曼斯坦最大贸易伙伴国，土库曼斯坦也成为中国在独联体地区第七大贸易伙伴。2010 年以来，双边贸易呈现快速稳定增长。从贸易商品种类来看，土库曼斯坦从中国进口的产品多为机电产品和机械设备，此外还有高新技术产品、鞋帽、服装、金属制品等；中国自土库曼斯坦进口的主要为天然气、农产品、矿产品、纺织品和原料等。2020 年中国与土库曼斯坦双边贸易商品情况统计充分反映了上述特点。

2020 年中国出口土库曼斯坦的商品统计可以看出两国进出口商品的基本情况（见表 4-8）。

---

① 本图根据中国海关总署数据绘制。

表 4-8　2020 年中国出口土库曼斯坦的商品统计①

商品代码	商品标签	中国向土库曼斯坦出口			土库曼斯坦自世界进口		
		2020 年/千美元	2016—2020 年增长/%	占中国出口份额/%	2020 年/千美元	2016—2020 年增长/%	占世界进口份额/%
84	机械与机械设备	169 033	13	0	631 825	−19	0
73	钢铁制品	53 681	14	0	344 590	−11	0
85	电动机械设备、电视等	33 825	−1	0	289 110	−16	0
87	车辆及零配件	30 754	−1	0	229 613	−3	0
72	钢铁	27 367	41	0	184 106	9	0
40	橡胶及其制品	20 436	7	0	58 582	8	0
55	人造短纤维	11 670	84	0	14 688	39	0
68	石灰水泥 87 791 等及其制品	11 024	108	0	57 131	12	0
54	人造丝状物	9 015	28	0	16 553	13	0
39	塑料及其制品	7 626	−10	0	87 791	−13	0
48	纸、纸浆、纸板	5 909	34	0	25 953	1	0
94	家具与床上用品	5 851	−14	0	103 182	−2	0
69	陶瓷制品	5 474	51	0	21 559	−11	0
76	铝及其制品	5 082	41	0	53 246	−14	0
90	光学、测量和医疗等	4 931	−8	0	66 721	−20	0
38	杂项化学产品	4 437	−12	0	92 723	−2	0
30	药品	4 270	35	0	130 485	4	0
95	玩具、运动产品及其零部件	2 856	−8	0	9 078	−19	0
82	贱金属制品、餐具等	2 795	8	0	10 769	−9	0
61	针织品及配件	2 515	7	0	12 829	−11	0
44	木材和木制品	2 447	−23	0	90 754	−4	0

① 本表来自联合国贸易地图网，其中，中国的数据来源于中国海关公开数据，土库曼斯坦数据来源于世界各国与土库曼斯坦经济贸易数据的合计数。

表4-8(续)

商品代码	商品标签	中国向土库曼斯坦出口			土库曼斯坦自世界进口		
		2020年/千美元	2016—2020年增长/%	占中国出口份额/%	2020年/千美元	2016—2020年增长/%	占世界进口份额/%
60	针织或编织面料	2 094	55	0	3 603	45	0
83	贱金属杂项制品	2 037	13	0	16 350	−12	0
96	杂项制品	1 812	36	0	10 636	−9	0
64	鞋类	1 801	39	0	9 998	−17	0
29	有机化学品	1 627	21	0	10 737	15	0
42	皮革、旅行包等	1 476	58	0	3 230	5	0
56	棉絮、毛毡、绳索等	1 466	−2	0	11 843	21	0
28	无机化学品、贵金属与稀土金属有机或无机化合物	1 451	15	0	18 925	25	0
63	其他纺织品、旧衣物	1 416	−50	0	7 950	−24	0
34	肥皂、表面活性剂、洗涤剂等	1 273	29	0	38 319	2	0
62	非针织服装及配件	790	−37	0	9 156	−25	0
05	非指定动物源性产品	782	4	0	809	1	0
32	鞣制或染色提取物、染料	748	14	0	33 684	−10	0
59	浸渍或涂层压织物	579	−13	0	3 014	−15	0
70	玻璃及其制品	575	−8	0	17 347	−22	0
86	铁路机车或有轨电车机车及其配件	474	48	0	7 414	−41	0
12	油籽、杂粮、种子和水果	413	−43	0	9 608	−6	0
58	特种机织物、绣花	364	76	0	2 748	33	0
35	类蛋白物质、胶水	359	−12	0	7 064	−4	0
09	咖啡、茶等	308	−45	0	6 335	−14	0

表4-8（续）

商品代码	商品标签	中国向土库曼斯坦出口			土库曼斯坦自世界进口		
		2020年/千美元	2016—2020年增长/%	占中国出口份额/%	2020年/千美元	2016—2020年增长/%	占世界进口份额/%
25	盐、硫黄、石灰和水泥	267	−15	0	31 846	−3	0
91	钟表及部件	238	80	0	1 324	−21	0
33	精油、香水、化妆品	173	200	0	37 748	−4	0
37	摄影商品	162	−3	0	873	8	0
67	羽毛羽绒及制品	132	69	0	174	−19	0
20	蔬菜、水果、坚果等的制剂产品	107	−52	0	3 951	−30	0
52	棉花	105	109	0	826	10	0
27	矿物燃料、沥青等	91	−30	0	35 465	−16	0
49	印刷品	80	−10	0	10 296	24	0
65	头饰及配件	73	8	0	181	−33	0
99	其他未指明的商品	68	—	0	5 125	−55	0
16	肉类、鱼类或其他水产品加工设备	53	—	0	3 338	−20	0
66	伞、拐杖等	45	2	0	114	−19	0
71	天然珍珠、宝石等	40	−15	0	11 448	10	0
43	毛皮和人造毛皮等	34	—	0	47	−33	0
89	船舶及浮式结构物	33	−37	0	5 833	−39	0
75	镍及其制品	33	128	0	158	−8	0
74	铜及其制品	30	−29	0	2 250	−14	0
57	地毯和其他铺地织物	24	−21	0	7 214	—	0
31	肥料	16	20	0	40 544	56	0
80	锡及其制品	15	0	0	65	−3	0
21	各种食用制剂	14	—	0	36 366	0	0

表4-8(续)

商品代码	商品标签	中国向土库曼斯坦出口			土库曼斯坦自世界进口		
		2020年/千美元	2016—2020年增长/%	占中国出口份额/%	2020年/千美元	2016—2020年增长/%	占世界进口份额/%
46	草编织物、柳条制品	12	—	0	1 345	215	0
53	其他植物纺织纤维	11	41	0	1 101	3	0
13	虫胶、树脂等	5	—	0	508	−1	0
81	其他贱金属	4	22	0	225	−17	0
79	锌及其制品	1	−40	0	254	3	0

中国出口土库曼斯坦的商品种类繁多，多为机械、设备、车辆等，但在中国的出口商品额和土库曼斯坦的进口商品额中占比较低。2020年中国自土库曼斯坦进口商品统计如表4-9所示。

表 4-9　2020 年中国自土库曼斯坦进口商品统计①

商品代码	商品标签	中国自土库曼斯坦进口			土库曼斯坦向世界出口		
		2020年/千美元	2016—2020年增长/%	占中国进口份额/%	2020年/千美元	2016—2020年增长/%	占世界出口份额/%
27	矿物燃料、沥青等	6 039 818	5	2	6 823 616	4	0
39	塑料及其制品	11 759	—	0	145 281	19	0
25	盐、硫黄、石灰和水泥	6 251	−21	0	44 123	12	0
52	棉花	3 726	−46	0	180 758	−22	0
13	虫胶、树脂等	3 675	−13	1	19 864	3	0
28	无机化学品、贵金属与稀土金属有机或无机化合物	2 146	−23	0	23 103	17	0
14	植物编织材料	1 263	−42	1	1 325	−41	0
51	羊毛、其他动物毛等	1 014	6	0	2 932	−4	0
21	各种食用制剂	584	—	0	606	133	0

---

① 本表来自联合国贸易地图网，其中，中国的数据来源于中国海关公开数据，土库曼斯坦数据来源于世界各国与土库曼斯坦经济贸易数据的合计数。

表4-9（续）

商品代码	商品标签	中国自土库曼斯坦进口			土库曼斯坦向世界出口		
		2020年/千美元	2016—2020年增长/%	占中国进口份额/%	2020年/千美元	2016—2020年增长/%	占世界出口份额/%
20	蔬菜、水果、坚果等的制剂产品	276	—	0	1 206	50	0
12	油籽、杂粮、种子和水果	225	−30	0	372	−34	0
63	其他纺织品、旧衣物	200	—	0	38 728	7	0
50	丝绸	163	104	0	163	−15	0
19	谷物、面粉、淀粉等制剂类商品	34	42	0	443	85	0
29	有机化学品	28	—	0	28	34	0
99	其他未指明的商品	2	—	0	1 097	−2	0
62	非针织服装及配件	1	−72	0	8 672	−18	0

双边贸易依存度能够反映中国与土库曼斯坦经济贸易关系的变化。2012年起，双方的贸易依存度都出现显著增加的变化趋势，这一趋势与中国—中亚天然气管道的建设与建成有密切关联（见表4-10）。

表4-10　1992—2015年中国土库曼斯坦贸易依存度①

年份	中国对土库曼斯坦/%	土库曼斯坦对中国/%
1992	0.000 9	0.140 6
1993	0.000 8	0.146 1
1994	0.002 0	0.439 7
1995	0.002 4	0.708 9
1996	0.001 3	0.482 0
1997	0.001 6	0.621 7
1998	0.001 2	0.480 2
1999	0.000 9	0.387 1

---

① 王秋红，赵乔."一带一路"背景下中国与土库曼斯坦贸易潜力研究［J］.价格月刊，2017（8）：44-49.

表4-10(续)

年份	中国对土库曼斯坦/%	土库曼斯坦对中国/%
2000	0.001 3	0.556 3
2001	0.002 4	0.925 4
2002	0.006 0	1.961 3
2003	0.005 0	1.387 4
2004	0.005 0	1.439 6
2005	0.004 8	1.356 9
2006	0.006 5	1.737 5
2007	0.009 9	2.784 9
2008	0.018 0	4.308 7
2009	0.018 7	5.116 0
2010	0.025 7	7.847 8
2011	0.072 3	22.721 8
2012	0.121 2	30.798 1
2013	0.104 4	23.968 1
2014	0.099 9	21.844 4
2015	0.078 1	23.155 0

　　中国与土库曼斯坦合作的重点领域为石油天然气。2000年7月，中石油集团与土库曼斯坦石油部签订了石油天然气领域的合作谅解备忘录。2006年4月，两国签署了关于建设中亚天然气管道和土库曼斯坦向中国出口天然气的政府间总协定。2009年12月14日，中、土、哈、乌四国元首共同开启管道通气阀门。土库曼斯坦根据协定在30年内向中国出口天然气，双边贸易合作出现大幅增长，双边合作快速发展。2010年始，中方进口快速增长，土方的顺差额持续扩大。

　　中国—中亚天然气管道的顺利通气，改变了中国与土库曼斯坦之间的贸易产品构成和投资方向。中方自土库曼斯坦进口商品的90%来自天然气和其他相关矿物燃料，中方对土库曼斯坦出口的主要商品紧紧围绕石油开发与运输，夹杂有传统的日用品、机械与运输工具等。同期，中国自土库曼斯坦进口的棉花有所增长。

中国—中亚天然气管道A、B线开通后，带动了区域合作。2012年9月。经土乌边境，连接乌兹别克斯坦、哈萨克斯坦与中国之间的天然气管道（亦称中国—中亚天然气管道C线）开始建设，并于2014年6月顺利实现向中国通气。2014年9月，习近平主席访问塔吉克斯坦期间，中国—中亚天然气管道D线开工仪式隆重举行。这意味着通过中国与土库曼斯坦的天然气生产与运输合作，已经完成将中亚五个国家全部紧密联系在一起的重大历史使命。

中国—中亚天然气管道也是中国第一条跨国天然气管道。这条管道的A、B、C、D线全部完成后，将实现年输气量850亿立方米，既满足了中亚国家出口天然气和中方进口天然气的经济发展需要，也符合地区互联互通、合作共赢的利益需求。

作为中国迄今为止在海外最大的天然气生产运输项目，中国—中亚天然气管道的建成，改变了中国的能源供给状况，提升了中国与中亚国家的合作水平，拓展了中国在中亚投资贸易的影响力，是新时期中国能源外交和建设"丝绸之路经济带"的重要组成。

随着中土经济合作的日益深入、拓展，中资企业在土库曼斯坦的活动有所增加。中资企业在当地合作的重要项目包括：中国石油天然气集团公司承建的中土天然气管道项目、中石化胜利石油管理局执行的当地油井修复和钻井项目、中国石油技术开发公司向土库曼斯坦出口油气设备项目、中信建设有限责任公司向土库曼斯坦出口铁路客车厢项目和华为技术有限公司向土库曼斯坦出口通信设备项目、中机进出口公司向土库曼斯坦出口铁路设备等。

截至2017年8月28日，土库曼斯坦累计向中国供气1 796亿方，其中阿姆河天然气公司供气627亿方[1]。

农业合作是中土经济贸易合作的一个发展潜力较大的领域。土库曼斯坦的棉花、畜牧产品、蚕丝等是主要出口的农产品，对中国也有一定的出口。2010—2011年中国从土库曼斯坦进口棉花2 575吨，占土库曼斯坦棉花出口量的1.07%[2]。同时，土库曼斯坦国内对反季节蔬菜水果和部分加工农产品等有一定市场需求，但中国农产品出口土库曼斯坦的贸易额非常小，贸易种类也不多。在农业技术、农业机械等领域的双边合作，还有待挖掘。

2014—2017年上半年，中土贸易额达230多亿美元，占土同期对外贸易总

① 界面新闻.中石油再发现世界级超大气田，储量超8000亿方［EB/OL］.（2017-08-30）［2022-03-20］.https://www.jiemian.com/article/1590409.html.

② 贸促会."一带一路"沿线国家贸易投资指南（九）/中亚篇［EB/OL］.（2016-01-11）［2022-03-20］. https://www.ccpitcq.org/html/cont.

额的24.9%。土库曼斯坦对中国出口的主要是天然气、农产品和轻工业产品，出口额超过190亿美元；中国对土库曼斯坦出口的主要是工业产品和技术设备。土库曼斯坦对中国贸易顺差155亿多美元[①]。2021年1—10月，中国与土库曼斯坦双边货物出口额为58.44亿美元，相比2020年同期增长了2.24亿美元，同比增长4%。其中，出口4.13亿美元，同比增长9%；进口54.31亿美元，同比增长3.6%。同期中方贸易逆差超过50亿美元。2021年中国与土库曼斯坦贸易逆差为56.26亿美元[②]。

第四节　主要贸易伙伴与国家发展规划

土库曼斯坦积极发展与世界各国和国际组织的对外经济合作，与世界100多个国家建立了对外贸易关系。

一、主要贸易伙伴

土库曼斯坦积极参与国际和地区经济贸易活动，并与诸多国家建立起了稳定的贸易伙伴关系。2014—2018年土库曼斯坦进出口主要伙伴国占比如图4-10所示。

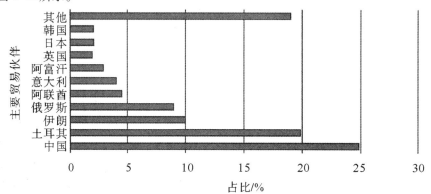

图4-10　2014—2018年土库曼斯坦进出口主要伙伴国占比[③]

---

①　资料来源：转引自土库曼新观察。

②　中华人民共和国驻土库曼斯坦大使馆经济商务处. 中国与土库曼斯坦司局级经贸磋商在京举行［EB/OL］.（2019-09-13）［2022-03-22］. http://tm.mofcom.gov.cn/article/todayheader/201909/20190902898954.shtml.

③　埃塞诺夫. 土库曼斯坦对外贸易战略研究［D］. 海口：海南大学，2019.

1. 土耳其

土耳其是土库曼斯坦第二大贸易伙伴。2014—2018 年双方贸易额约为 34 亿~60 亿美元，主要用于土耳其向土库曼斯坦出口生产制造及配套机械设备。

表 4-11　2020 年土库曼斯坦自土耳其进口情况统计①

商品代码	商品标签	土库曼斯坦自土耳其进口			土耳其向世界出口			土库曼斯坦自世界进口		
		2020 年/千美元	2016—2020 年增长/%	占土库曼斯坦进口份额/%	2020 年/千美元	2016—2020 年增长/%	占世界出口份额/%	2020 年/千美元	2016—2020 年增长/%	占世界进口份额/%
84	机械与机械设备	134 895	0	21	16 798 106	9	1	631 825	−19	0
73	钢铁制品	102 957	−20	30	6 363 433	7	2	344 590	−11	0
85	电动机械设备、电视等	97 621	−21	34	9 307 479	6	0	289 110	−16	0
94	家具与床上用品	52 850	−7	51	3 897 049	12	1	103 182	−2	0
44	木材和木制品	38 624	−9	43	977 036	9	1	90 754	−4	0
39	塑料及其制品	38 291	−14	44	6 873 037	9	1	87 791	−13	0
76	铝及其制品	36 625	−16	69	3 060 930	9	2	53 246	−14	0
72	钢铁	23 896	−15	13	8 803 211	9	3	184 106	9	0
38	杂项化学产品	16 266	6	18	1 157 492	19	1	92 723	−2	0
68	石灰水泥等及其制品	15 016	−6	26	1 474 624	6	3	57 131	12	0
34	肥皂、表面活性剂、洗涤剂等	14 434	−1	38	1 124 841	9	2	38 319	2	0
32	鞣制或染色提取物、染料	14 054	−15	42	836 080	8	1	33 684	−10	0
33	精油、香水、化妆品	12 589	12	33	953 269	9		37 748	−4	0
23	食品工业残留物、动物饲料	11 584	40	80	415 414	36		14 538	24	0
08	水果、坚果等	8 949	11	42	4 830 425	6	4	21 438	5	0
87	车辆及零配件	8 663	−19	4	21 708 444	3	2	229 613	−3	0
27	矿物燃料、沥青等	8 267	−2	23	4 568 007	16	0	35 465	−16	0
90	光学、测量和医疗器材等	8 174	−10	12	1 317 794	18	0	66 721	−20	0
61	针织品及配件	7 476	−15	58	8 387 723	18−1	4	12 829	−11	0
83	贱金属杂项制品	7 302	−19	45	984 537	7	1	16 350	−12	0
69	陶瓷制品	7 192	−14	33	1 247 543	9	2	21 559	−11	0

① 数据来自联合国贸易地图网，其中，土耳其的数据来源于土耳其的报告，土库曼斯坦的数据来源于世界各国与土库曼斯坦经济贸易数据的合计数。

表4-11（续）

商品代码	商品标签	土库曼斯坦自土耳其进口			土耳其向世界出口			土库曼斯坦自世界进口		
		2020年/千美元	2016—2020年增长/%	占土库曼斯坦进口份额/%	2020年/千美元	2016—2020年增长/%	占世界出口份额/%	2020年/千美元	2016—2020年增长/%	占世界进口份额/%
06	活树和其他植物、切花等	6 728	−3	75	106 768	8	0	8 974	−5	0
96	杂项制品	6 521	−21	61	901 499	2	2	10 636	−9	0
48	纸、纸浆、纸板	6 491	−1	25	1 725 418	7	1	25 953	1	0
30	药品	6 105	11	5	1 826 051	23	0	130 485	4	0
21	各种食用制剂	5 842	21	16	809 339	4	1	36 366	0	0
54	人造丝状物	5 804	6	35	1 333 523	−2	3	16 553	13	0
28	无机化学品、贵金属与稀土金属有机或无机化合物	5 732	36	30	1 156 521	18	1	18 925	25	0
15	动植物油脂、食用脂肪	5 549	5	9	1 386 489	6	1	64 594	5	0
40	橡胶及其制品	5 545	−7	9	2 656 179	5	2	58 582	8	0
70	玻璃及其制品	5 524	−22	32	1 052 364	4	1	17 347	−22	0
02	肉类和内脏	5 388	100	25	569 938	11	0	21 612	−16	0
19	谷物、面粉、淀粉等制剂类商品	3 835	−12	17	2 079 037	9	3	23 060	−14	0
31	肥料	3 570	17	9	375 614	30	1	40 544	56	0
18	可可和可可制剂	3 543	−12	24	653 018	9	1	14 944	−14	0
62	非针织服装及配件	3 490	−32	38	6 600 585	4	3	9 156	−25	0
64	鞋类	3 146	−26	31	829 448	6	1	9 998	−17	0
35	类蛋白物质、胶水	2 887	−3	41	250 994	9	1	7 064	−4	0
56	棉絮、毛毡、绳索等	2 840	6	24	955 758	12	3	11 843	21	0
63	其他纺织品、旧衣物	2 555	−19	32	2 521 487	6	2	7 950	−24	0
12	油籽、杂粮、种子和水果	2 548	22	27	430 737	10	0	9 608	−6	0
29	有机化学品	2 479	15	23	413 382	11	0	10 737	15	0
57	地毯和其他铺地织物	2 202	−36	31	2 621 045	8	17	7 214	—	0
04	乳制品、鸟蛋、蜂蜜等	2 189	−6	18	612 868	0	1	12 215	−26	0
82	贱金属制品、餐具等	2 178	−11	20	255 321	5	0	10 769	−9	0
17	糖和糖果	2 098	−2	5	670 795	6	2	45 261	−4	0
58	特种机织物、绣花	1 912	29	70	378 753	−6	4	2 748	33	0

表4-11（续）

商品代码	商品标签	土库曼斯坦自土耳其进口			土耳其向世界出口			土库曼斯坦自世界进口		
		2020年/千美元	2016—2020年增长/%	占土库曼斯坦进口份额/%	2020年/千美元	2016—2020年增长/%	占世界出口份额/%	2020年/千美元	2016—2020年增长/%	占世界进口份额/%
74	铜及其制品	1 376	−18	61	1 581 015	8	1	2 250	−14	0
20	蔬菜、水果、坚果等的制剂产品	1 369	−23	35	2 377 228	6	4	3 951	−30	0
95	玩具、运动产品及其零部件	1 250	−33	14	128 870	5	0	9 078	−19	0
55	人造短纤维	1 165	11	8	893 891	−5	3	14 688	39	0
60	针织或编织面料	1 000	28	28	1 510 372	0	5	3 603	45	0
25	盐、硫黄、石灰和水泥	874	−17	3	2 801 317	6	7	31 846	−3	0
42	皮革、旅行包等	658	−9	20	284 832	1	0	3 230	5	0
59	浸渍或涂层压织物	656	−10	22	256 572	−3	1	3 014	−15	0
01	活畜	651	20	37	83 406	36	0	1 772	−10	0
99	其他未指明的商品	617	−62	12	2 216 272	6	0	5 125	−55	0
24	烟草和人造烟草制品	570	−14	7	909 214	−2	2	8 107	25	0
52	棉花	426	0	52	1 463 452	−3	3	826	10	0
86	铁路机车或有轨电车机车及其配件	364	−28	5	145 736	30	0	7 414	−41	0
09	咖啡、茶等	363	−14	6	257 132	7	0	6 335	−14	0
22	饮料、烈酒、醋	265	−24	1	338 347	4	0	18 626	9	0
53	其他植物纺织纤维	262	−11	24	45 138	13	1	1 101	3	0
89	船舶及浮式结构物	257	−40	4	1 447 050	8	1	5 833	−39	0
93	武器、弹药及零配件	231	−41	2	513 540	13	3	11 564	−28	0
10	谷物	198	51	1	289 970	38	0	17 953	20	0
11	制粉业产品、麦芽、淀粉、小麦面筋	184	−9	1	1 187 771	−1	6	20 503	−4	0
81	其他贱金属	179	−19	80	147 510	93	1	225	−17	0
14	植物编织材料	173	14	99	16 359	−5	1	175	−1	0
47	木材和其他纤维制纸浆、回收纸制品	152	28	20	60 712	33	0	755	10	0
88	飞机、航天器及零件	131	174	0	900 428	2	1	32 332	−17	0

表4-11(续)

商品代码	商品标签	土库曼斯坦自土耳其进口			土耳其向世界出口			土库曼斯坦自世界进口		
		2020年/千美元	2016—2020年增长/%	占土库曼斯坦进口份额/%	2020年/千美元	2016—2020年增长/%	占世界出口份额/%	2020年/千美元	2016—2020年增长/%	占世界进口份额/%
49	印刷品、报纸等	119	−20	1	132 344	17	0	10 296	24	0
71	天然珍珠、宝石等	103	−49	1	6 693 436	−15	1	11 448	10	0
07	蔬菜、某些根茎植物	99	−45	0	1 434 771	11	2	21 798	36	0
91	钟表及部件	96	−24	7	34 635	0	0	1 324	−21	0
78	铅及其产品	78	3	48	29 271	3	0	161	7	0
36	炸药、烟火、可燃制剂	70	−34	5	23 003	−2	1	1 280	−14	0
66	伞、拐杖等	69	−26	61	7 596	11	0	114	−19	0
37	摄影商品	68	−29	7	14 279	8	0	873	8	0
79	锌及其制品	66	−19	26	7 153	−28	0	254	3	0
13	虫胶、树脂等	58	16	11	28 925	29	0	508	−1	0
50	丝绸	48	42	32	9 094	29	1	148	10	0
80	锡及其制品	47	47	72	7 375	50	0	65	−3	0
65	头饰及配件	46	−38	25	53 137	12	1	181	−33	0
67	羽毛羽绒及制品	34	−48	20	3 214	7	0	174	−19	0
45	软木及软木制品	27	19	18	802	13	0	154	−9	0
51	羊毛、其他动物毛等	25	−44	8	68 043	−15	1	295	−21	0
05	非指定动物源性产品	24	—	3	79 219	12	1	809	1	0
26	矿石、矿渣、灰	24	−24	19	1 384 359	7	1	127	11	0
41	生皮兽皮（毛皮除外）及皮革	20	−44	95	155 984	−2	1	21	−45	0
16	肉类、鱼类或其他水产品加工设备	18	−49	1	128 266	13	0	3 338	−20	0
92	乐器及零配件	18	−21	1	10 859	4	0	1 403	51	0
97	艺术和收藏品	6	−26	67	10 948	12	0	9	−69	0
75	镍及其制品	4	26	3	107 345	42	0	158	−8	0
46	草编织物、柳条制品	3	−36	0	1 954	−19	0	1 345	215	0

　　土耳其是土库曼斯坦最大的进口商品国。土库曼斯坦自土耳其进口的商品品类多、数额大，许多商品在土库曼斯坦进口商品中占比非常高，对土库曼斯坦的经济社会发展有着很重要的意义。2020年土库曼斯坦出口土耳其情况统计如表4-12所示。

表 4-12　2020 年土库曼斯坦出口土耳其情况统计①

商品代码	商品标签	土库曼斯坦向土耳其出口			土耳其自世界进口			土库曼斯坦向世界出口		
		2020 年/千美元	2016—2020 年增长/%	占土库曼斯坦出口份额/%	2020 年/千美元	2016—2020 年增长/%	占世界进口份额/%	2020 年/千美元	2016—2020 年增长/%	占世界出口份额/%
52	棉花	136 184	−22	75	2 543 331	1	6	180 758	−22	0
31	肥料	55 593	43	28	1 129 054	−2	2	195 927	50	0
74	铜及其制品	42 742	—	100	3 211 906	2	2	42 745	3 562	0
39	塑料及其制品	30 584	11	21	11 739 121	−1	2	145 281	19	0
27	矿物燃料、沥青等	29 256	13	0	10 897 872	−3	1	6 823 616	4	0
28	无机化学品、贵金属与稀土金属有机或无机化合物	7 872	449	34	1 518 768	6	1	23 103	17	0
62	非针织服装及配件	4 437	188	51	749 035	−18	0	8 672	−18	0
41	生皮兽皮（毛皮除外）及皮革	4 270	−13	74	184 608	−5	1	5 805	−8	0
54	人造丝状物	4 071	—	40	1 801 284	−3	5	10 266	318	0
25	盐、硫黄、石灰和水泥	3 036	63	7	390 004	1	1	44 123	12	0
83	贱金属杂项制品	2 998	434	100	666 488	−6	1	3 003	282	0
56	棉絮、毛毡、绳索等	2 454	—	67	416 281	4	2	3 647	176	0
84	机械与机械设备	2 156	26	33	25 274 022	−4	1	6 564	−21	0
76	铝及其制品	900	—	100	3 407 917	4	2	904	108	0
63	其他纺织品、旧衣物	717	−5	2	220 649	1	0	38 728	7	0
60	针织或编织面料	366	13	73	344 650	−7	1	502	−22	0
24	烟草和人造烟草制品	326	—	100	665 339	6	1	326	—	0
61	针织品及配件	226	—	26	543 960	−9	0	862	−16	0
78	铅及其产品	188	—	100	261 747	3	4	188	—	0
08	水果、坚果等	140	—	14	904 029	16	1	973	3	0
07	蔬菜、某些根茎植物	135	—	0	6 300 446	7	1	38 578	121	0
73	钢铁制品	128	−27	10	2 460 639	−5	1	1 249	−28	0

---

① 数据来自联合国贸易地图网，其中，土耳其的数据来源于土耳其的报告，土库曼斯坦的数据来源于世界各国与土库曼斯坦经济贸易数据的合计数。

表4-12（续）

商品代码	商品标签	土库曼斯坦向土耳其出口			土耳其自世界进口			土库曼斯坦向世界出口		
		2020年/千美元	2016—2020年增长/%	占土库曼斯坦出口份额/%	2020年/千美元	2016—2020年增长/%	占世界进口份额/%	2020年/千美元	2016—2020年增长/%	占世界出口份额/%
55	人造短纤维	109	−2	40	1 309 081	−9	4	273	20	0
32	鞣制或染色提取物、染料	95	—	48	1 962 059	2	2	197	30	0
68	石灰水泥等及其制品	70	42	5	463 840	−4	1	1 358	130	0
59	浸渍或涂层压织物	68	—	62	376 996	5	2	109	38	0
12	油籽、杂粮、种子和水果	55	—	15	2 375 852	6	2	372	−34	0
06	活树和其他植物、切花等	50	−33	100	41 499	−19	0	50	−33	0
14	植物编织材料	46	38	3	15 468	6	0	1 325	−41	0
15	动植物油脂、食用脂肪	39	—	100	1 636 115	−3	2	39	−82	0
10	谷物	35	—	9	3 281 063	33	3	375	—	0
38	杂项化学产品	33	8	2	2 390 223	3	1	1 424	1	0
85	电动机械设备、电视等	21	−35	3	17 140 686	−6	1	773	4	0
40	橡胶及其制品	20	—	41	2 692 341	0	1	49	−23	0
96	杂项制品	17	—	15	419 057	−7	1	112	23	0
70	玻璃及其制品	12	48	0	842 818	0	1	6 363	282	0
66	伞、拐杖等	11	—	100	9 752	−29	0	11	194	0
51	羊毛、其他动物毛等	11	−48	0	204 270	−3	2	2 932	−4	0
94	家具与床上用品	5	−63	1	720 772	−9	0	546	31	0
87	车辆及零配件	5	−58	0	15 250 757	−8	1	1 247	−16	0
48	纸、纸浆、纸板	2	−18	0	2 428 686	−3	2	407	96	0
58	特种机织物、绣花	1	—	1	131 115	−7	1	167	−50	0
69	陶瓷制品	1	−29	0	342 184	−3	1	1 489	373	0

　　土库曼斯坦对土耳其的出口类别相对较为集中，且部分商品占土库曼斯坦出口份额的100%。

2. 伊朗

　　伊朗是土库曼斯坦第三大贸易伙伴，也是土库曼斯坦重要的天然气消费国。伊朗向土库曼斯坦出口的主要商品有原材料、建材、塑料和冶金产品、化学品、食品及日用品等，双方贸易额自 2000 年的 3.3 亿美元，增长为 2015 年的 52 亿美元，增速惊人。2020 年土库曼斯坦自伊朗进口情况统计如表 4-13 所示。

表 4-13　2020 年土库曼斯坦自伊朗进口情况统计①

商品代码	商品标签	土库曼斯坦自伊朗进口			伊朗向世界出口			土库曼斯坦自世界进口		
		2020 年/千美元	2016—2020 年增长/%	占土库曼斯坦进口份额/%	2020 年/千美元	2016—2020 年增长/%	占世界出口份额/%	2020 年/千美元	2016—2020 年增长/%	占世界进口份额/%
72	钢铁	19 573	15	11	4 247 156	14	1	184 106	9	0
39	塑料及其制品	16 649	−28	19	4 657 724	−1	1	87 791	−13	0
73	钢铁制品	16 125	−42	5	307 574	−12	0	344 590	−11	0
25	盐、硫黄、石灰和水泥	10 955	−11	34	512 261	−11	1	31 846	−3	0
32	鞣制或染色提取物、染料	9 532	−22	28	69 986	−4	0	33 684	−10	0
34	肥皂、表面活性剂、洗涤剂等	7 427	−14	19	130 275	−13	0	38 319	2	0
69	陶瓷制品	4 695	−25	22	305 123	−7	1	21 559	−11	0
44	木材和木制品	4 263	−10	5	52 848	6	0	90 754	−4	0
57	地毯和其他铺地织物	3 994	−31	55	320 478	−18	2	7 214	—	0
08	水果、坚果等	3 778	−34	18	2 919 855	7	2	21 438	5	0
70	玻璃及其制品	3 776	−23	22	251 148	−4	0	17 347	−22	0
68	石灰水泥等及其制品	3 382	−36	6	152 350	−11	0	57 131	12	0
64	鞋类	3 326	1	33	106 039	1	0	9 998	−17	0
84	机械与机械设备	2 610	−46	0	489 805	−1	0	631 825	−19	0
38	杂项化学产品	2 222	17	2	92 500	−37	0	92 723	−2	0
83	贱金属杂项制品	2 169	57	13	21 694	26	0	16 350	−12	0
28	无机化学品、贵金属与稀土金属有机或无机化合物	1 976	−14	10	261 483	−11	0	18 925	25	0
35	类蛋白物质、胶水	1 825	−6	26	27 678	−7	0	7 064	−4	0
33	精油、香水、化妆品	1 706	6	5	26 380	−12	0	37 748	−4	0

---

①　数据来自联合国贸易地图网，其中，伊朗的出口数据来源于伊朗的报告，土库曼斯坦的数据来源于世界各国与土库曼斯坦经济贸易数据的合计数。

表4-13（续）

商品代码	商品标签	土库曼斯坦自伊朗进口			伊朗向世界出口			土库曼斯坦自世界进口		
		2020年/千美元	2016—2020年增长/%	占土库曼斯坦进口份额/%	2020年/千美元	2016—2020年增长/%	占世界出口份额/%	2020年/千美元	2016—2020年增长/%	占世界进口份额/%
07	蔬菜、某些根茎植物	1 676	−52	8	941 176	11	1	21 798	36	0
09	咖啡、茶等	1 428	−4	23	256 107	−6	0	6 335	−14	0
76	铝及其制品	1 277	−16	2	362 623	10	0	53 246	−14	0
96	杂项制品	1 111	−11	10	16 469	10	0	10 636	−9	0
61	针织品及配件	999	−10	8	76 327	28	0	12 829	−11	0
85	电动机械设备、电视等	990	−28	0	174 638	−13	0	289 110	−16	0
94	家具与床上用品	939	−41	1	102 695	10	0	103 182	−2	0
55	人造短纤维	853	3	6	54 171	−9	0	14 688	39	0
54	人造丝状物	821	13	5	21 709	−4	0	16 553	13	0
56	棉絮、毛毡、绳索等	808	−22	7	31 886	4	0	11 843	21	0
40	橡胶及其制品	663	−5	1	69 025	−10	0	58 582	8	0
29	有机化学品	593	−28	6	2 387 201	−10	1	10 737	15	0
62	非针织服装及配件	373	202	4	36 649	16	0	9 156	−25	0
48	纸、纸浆、纸板	365	−44	1	81 268	12	0	25 953	1	0
23	食品工业残留物、动物饲料	274	−61	2	22 326	−27	0	14 538	24	0
95	玩具、运动产品及其零部件	256	9	3	30 663	60	0	9 078	−19	0
90	光学、测量和医疗器材等	251	−9	0	10 607	−40	0	66 721	−20	0
06	活树和其他植物、切花等	242	−57	3	26 823	3	0	8 974	−5	0
49	印刷品、报纸等	240	2	2	16 406	34	0	10 296	24	0
58	特种机织物、绣花	223	36	8	8 783	−17	0	2 748	33	0
59	浸渍或涂层压织物	215	70	7	4 948	5	0	3 014	−15	0
63	其他纺织品、旧衣物	206	−58	3	88 366	−7	0	7 950	−24	0
11	制粉业产品、麦芽、淀粉、小麦面筋	169	−13	1	25 231	9	0	20 503	−4	0
21	各种食用制剂	163	−52	0	111 920	−10	0	36 366	0	0

表4-13(续)

商品代码	商品标签	土库曼斯坦自伊朗进口			伊朗向世界出口			土库曼斯坦自世界进口		
		2020年/千美元	2016—2020年增长/%	占土库曼斯坦进口份额/%	2020年/千美元	2016—2020年增长/%	占世界出口份额/%	2020年/千美元	2016—2020年增长/%	占世界进口份额/%
87	车辆及零配件	136	−46	0	118 211	−6	0	229 613	−3	0
42	皮革、旅行包等	82	6	3	13 979	79	0	3 230	5	0
20	蔬菜水果坚果等的制剂产品	43	−67	1	411 833	−4	1	3 951	−30	0
52	棉花	36	8	4	774	4	0	826	10	0
19	谷物、面粉、淀粉等制剂类商品	22	−73	0	326 728	−3	0	23 060	−14	0
17	糖和糖果	20	−79	0	169 977	0	0	45 261	−4	0
82	贱金属制品、餐具等	15	89	0	962	−9	0	10 769	−9	0
60	针织或编织面料	9	—	0	1 358	78	0	3 603	45	0
26	矿石、矿渣、灰	2	−84	2	290 785	−28	0	127	11	0
86	铁路机车或有轨电车机车及其配件	2	—	0	2 004	−10	0	7 414	−41	0

土库曼斯坦从伊朗进口的商品带有非常典型的地域和国别特色。同时得益于双方相邻的地理关系，部分商品如日用品、砂石料等，对土库曼斯坦的社会发展具有非常重要的作用。

土库曼斯坦向伊朗地区出口的主要是能源和棉花，相比而言，数额十分有限，但因为两国地缘环境优势，伊朗依然能在土库曼斯坦出口国中占据重要地位。2020年土库曼斯坦出口伊朗情况统计如表4-14所示。

表4-14 2020年土库曼斯坦出口伊朗情况统计①

商品代码	商品标签	土库曼斯坦向伊朗出口			伊朗自世界进口			土库曼斯坦向世界出口		
		2020年/千美元	2016—2020年增长/%	占土库曼斯坦出口份额/%	2020年/千美元	2016—2020年增长/%	占世界进口份额/%	2020年/千美元	2016—2020年增长/%	占世界出口份额/%
27	矿物燃料、沥青等	14 976	14	0	457 305	25	0	6 823 616	4	0
52	棉花	3 175	13	2	179 202	3	0	180 758	−22	0

---

① 数据来自联合国贸易地图网，其中，伊朗的进口数据来源于伊朗的报告，土库曼斯坦的数据来源于世界各国与土库曼斯坦经济贸易数据的合计数。

表4-14（续）

商品代码	商品标签	土库曼斯坦向伊朗出口			伊朗自世界进口			土库曼斯坦向世界出口		
		2020年/千美元	2016—2020年增长/%	占土库曼斯坦出口份额/%	2020年/千美元	2016—2020年增长/%	占世界进口份额/%	2020年/千美元	2016—2020年增长/%	占世界出口份额/%
31	肥料	1 503	—	1	154 582	0	0	195 927	50	0
28	无机化学品、贵金属与稀土金属有机或无机化合物	289	13	1	478 607	9	0	23 103	17	0
51	羊毛、其他动物毛等	139	—	5	21 998	-6	0	2 932	-4	0
68	石灰水泥等及其制品	13	-8	1	90 417	-4	0	1 358	130	0
14	植物编织材料	11	-65	1	3 891	-5	0	1 325	-41	0

3. 俄罗斯

土库曼斯坦与俄罗斯贸易关系密切。双方贸易商品种类繁多，部分商品在两国对外贸易中占据着重要地位。近年来在土库曼斯坦国内基础设施建设和国际项目推进拉动下，双方贸易维持稳步增长。2020年土库曼斯坦自俄罗斯进口情况统计如表4-15所示。

表4-15　2020年土库曼斯坦自俄罗斯进口情况统计[①]

商品代码	商品标签	土库曼斯坦自俄罗斯进口			俄罗斯向世界出口			土库曼斯坦自世界进口		
		2020年/千美元	2016—2020年增长%	占土库曼斯坦进口份额%	2020年/千美元	2016—2020年增长%	占世界出口份额%	2020年/千美元	2016—2020年增长%	占世界进口份额%
73	钢铁制品	144 313	29	42	3 391 034	9	1	344 590	-11	0
72	钢铁	101 728	15	55	16 006 086	2	5	184 106	9	0
87	车辆及零配件	48 783	30	21	2 722 935	2	0	229 613	-3	0
15	动植物油脂、食用脂肪	48 166	7	75	3 890 515	15	4	64 594	5	0
30	药品	39 031	39	30	1 031 989	12	0	130 485	4	0
38	杂项化学产品	30 996	5	33	951 290	16	0	92 723	-2	0
17	糖或糖果	23 475	42	52	731 609	25	2	45 261	-4	0
44	木材和木制品	20 700	-12	23	8 196 118	6	0	90 754	-4	0
84	机械与机械设备	20 652	-16	3	8 304 911	5	0	631 825	-19	0

---

① 数据来自联合国贸易地图网，其中，俄罗斯的进口数据来源于俄罗斯的报告，土库曼斯坦数据来源于世界各国与土库曼斯坦经济贸易数据的合计数。

表4-15(续)

商品代码	商品标签	土库曼斯坦自俄罗斯进口			俄罗斯向世界出口			土库曼斯坦自世界进口		
		2020年/千美元	2016—2020年增长%	占土库曼斯坦进口份额%	2020年/千美元	2016—2020年增长%	占世界出口份额%	2020年/千美元	2016—2020年增长%	占世界进口份额%
40	橡胶及其制品	11 937	33	20	2 621 273	0	1	58 582	8	0
21	各种食用制剂	11 816	-2	32	819 876	11	1	36 366	0	0
22	饮料、烈酒、醋	11 745	33	63	624 578	9	1	18 626	9	0
33	精油、香水、化妆品	11 533	-1	31	867 795	14	1	37 748	-4	0
07	食用蔬菜、某些根茎植物	11 205	60	51	458 326	-1	1	21 798	36	0
39	塑料及其制品	9 694	39	11	3 775 563	12	1	87 791	-13	0
31	肥料	8 187	320	20	6 995 406	3	13	40 544	56	0
19	谷物、面粉、淀粉等制剂类商品	8 133	-15	35	754 868	10	1	23 060	-14	0
85	电动机械设备、电视等	7 849	-16	3	4 352 435	4	0	289 110	-16	0
34	肥皂、表面活性剂、洗涤剂等	7 600	0	20	552 704	2	1	38 319	2	0
48	纸、纸浆、纸板	7 152	0	28	2 410 393	6	2	25 953	1	0
27	矿物燃料、沥青等	6 902	1	19	141 918 220	4	10	35 465	-16	0
18	可可和可可制剂	6 275	-13	42	740 892	12	1	14 944	-14	0
90	光学、测量和医疗器材等	5 740	0	9	1 468 737	0	0	66 721	-20	0
89	船舶及浮式结构物	5 496	89	94	376 891	-16	0	5 833	-39	0
10	谷物	5 065	-26	28	9 340 483	11	8	17 953	20	0
11	制粉业产品、麦芽、淀粉、小麦面筋	4 088	-15	20	354 769	12	2	20 503	-4	0
86	铁路机车或有轨电车机车及其配件	2 669	-20	36	795 681	13	2	7 414	-41	0
04	乳制品、鸟蛋、蜂蜜等	2 194	-28	18	303 565	7	0	12 215	-26	0
68	石灰、水泥等及其制品	1 969	-6	3	516 849	11	1	57 131	12	0
20	蔬菜、水果、坚果等的制剂产品	1 821	-4	46	420 702	17	1	3 951	-30	0
83	贱金属杂项制品	1 673	5	10	201 296	8	0	16 350	-12	0
32	鞣制或染色提取物、染料	1 606	-10	5	339 477	9	0	33 684	-10	0
25	盐、硫黄、石灰和水泥	1 564	4	5	921 913	0	2	31 846	-3	0

表4-15（续）

商品代码	商品标签	土库曼斯坦自俄罗斯进口			俄罗斯向世界出口			土库曼斯坦自世界进口		
		2020年/千美元	2016—2020年增长%	占土库曼斯坦进口份额%	2020年/千美元	2016—2020年增长%	占世界出口份额%	2020年/千美元	2016—2020年增长%	占世界进口份额%
82	贱金属制品、餐具等	1 525	8	14	197 513	2	0	10 769	−9	0
28	无机化学品、贵金属与稀土金属有机或无机化合物	1 463	16	8	2 670 363	5	2	18 925	25	0
76	铝及其制品	1 412	−17	3	5 463 689	−3	3	53 246	−14	0
94	家具与床上用品	1 239	−11	1	641 024	13	0	103 182	−2	0
63	其他纺织品、旧衣物	1 216	83	15	161 733	23	0	7 950	−24	0
70	玻璃及其制品	1 040	−34	6	702 310	6	1	17 347	−22	0
29	有机化学品	1 015	17	9	2 475 795	2	1	10 737	15	0
12	油籽、杂粮、种子和水果	1 005	5	10	1 626 380	31	1	9 608	−6	0
35	类蛋白物质、胶水	781	7	11	57 701	14	0	7 064	−4	0
09	咖啡、茶等	777	1	12	192 209	7	0	6 335	−14	0
99	其他未指明的商品	725	−9	14	39 315 739	−2	7	5 125	−55	0
36	炸药、烟火、可燃制剂	557	−15	44	136 187	2	4	1 280	−14	0
16	肉类、鱼类或其他水产品加工设备	542	7	16	231 698	13	0	3 338	−20	0
96	杂项制品	481	2	5	330 940	4	1	10 636	−9	0
56	棉絮、毛毡、绳索等	472	17	4	180 899	9	1	11 843	21	0
62	非针织服装及配件	457	16	5	269 132	15	0	9 156	−25	0
59	浸渍或涂层压织物	445	−7	15	66 431	7	0	3 014	−15	0
69	陶瓷制品	373	−39	2	318 506	8	1	21 559	−11	0
47	木材和其他纤维制纸浆、回收纸制品	369	−1	49	1 087 020	−1	3	755	10	0
74	铜及其制品	323	−7	14	5 646 653	12	4	2 250	−14	0
08	水果、坚果等	289	187	1	137 027	14	0	21 438	5	0
02	肉类和内脏	201	—	1	862 724	40	1	21 612	−16	0
49	印刷品、报纸等	187	−35	2	492 018	13	1	10 296	24	0
23	食品工业残留物、动物饲料	152	−18	1	1 430 552	13	2	14 538	24	0

表4-15（续）

商品代码	商品标签	土库曼斯坦自俄罗斯进口			俄罗斯向世界出口			土库曼斯坦自世界进口		
		2020年/千美元	2016—2020年增长%	占土库曼斯坦进口份额%	2020年/千美元	2016—2020年增长%	占世界出口份额%	2020年/千美元	2016—2020年增长%	占世界进口份额%
95	玩具、运动产品及其零部件	133	−24	1	208 951	19	0	9 078	−19	0
01	活畜	112	−15	6	56 771	26	0	1 772	−10	0
03	其他植物纺织纤维、纸纱等	68	−31	7	4 639 559	12	4	970	−16	0
13	虫胶、树脂等	60	—	12	10 280	4	0	508	−1	0
06	活树和其他植物、切花等	58	5	1	4 065	9	0	8 974	−5	0
54	人造丝状物	44	—	0	69 319	11	0	16 553	13	0
61	针织品及配件	39	−27	0	260 988	20	0	12 829	−11	0
78	铅及其产品	33	54	20	174 237	−10	3	161	7	0
64	鞋类	27	−36	0	239 306	11	0	9 998	−17	0
42	皮革、旅行包等	18	−36	1	63 573	11	0	3 230	5	0
81	其他贱金属	17	52	8	709 439	2	5	225	−17	0
57	地毯和其他铺地织物	14	15	0	13 978	26	0	7 214	—	0
37	摄影商品	13	−7	1	13 311	15	0	873	8	0
51	羊毛、其他动物毛等	8	−36	3	12 536	−15	0	295	−21	0
52	棉花	6	−62	1	60 181	3	0	826	10	0
26	矿石、矿渣、灰	5	−15	4	4 329 568	20	2	127	11	0
58	特种机织物、绣花	4	−58	0	13 537	11	0	2 748	33	0
60	针织或编织面料	3	—	0	35 720	34	0	3 603	45	0
65	头饰及配件	3	−56	2	16 799	11	0	181	−33	0
67	羽毛羽绒及制品	2	—	1	4 958	47	0	174	−19	0
14	植物编织材料	2	—	1	19 251	28	1	175	−1	0
75	镍及其制品	2	−35	1	3 023 812	13	13	158	−8	0
81	其他贱金属	2	−66	0	37 693	10	0	1 324	−21	0
71	天然珍珠、宝石等	1	−63	0	30 360 379	32	4	11 448	10	0

　　俄罗斯向土库曼斯坦出口的商品中，机械、车辆、酒类等占据着重要位置。来自俄罗斯的部分农产品、原材料类产品的进口等支持了土库曼斯坦的经济社会发展。2020年土库曼斯坦出口俄罗斯情况统计如表4-16所示。

表 4-16　2020 年土库曼斯坦出口俄罗斯情况统计①

商品代码	商品标签	土库曼斯坦向俄罗斯出口			俄罗斯自世界进口			土库曼斯坦向世界出口		
		2020年/千美元	2016—2020年增长/%	占土库曼斯坦出口份额/%	2020年/千美元	2016—2020年增长/%	占世界进口份额/%	2020年/千美元	2016—2020年增长/%	占世界出口份额/%
89	船舶及浮式结构物	195 209	65	100	1 769 849	−5	2	195 968	30	0
39	塑料及其制品	54 753	10	38	9 341 446	6	2	145 281	19	0
07	蔬菜、某些根茎植物	23 788	189	62	1 538 632	2	2	38 578	121	0
52	棉花	19 235	−10	11	532 874	3	1	180 758	−22	0
63	其他纺织品、旧衣物	12 466	−3	32	1 402 213	18	1	38 728	7	0
54	人造丝状物	4 358	—	42	487 206	8	1	10 266	318	0
62	非针织服装及配件	2 603	24	30	3 866 214	9	2	8 672	−18	0
28	无机化学品、贵金属与稀土金属有机或无机化合物	1 984	115	9	3 070 080	6	3	23 103	17	0
51	羊毛、其他动物毛等	1 545	4	53	31 253	13	0	2 932	−4	0
27	矿物燃料、沥青等	1 521	−3	0	1 699 290	4	0	6 823 616	4	—
84	机械与机械设备	617	−34	9	43 139 960	4	2	6 564	−21	0
08	水果、坚果等	425	−1	44	5 188 948	7	4	973	3	0
61	针织品及配件	411	19	48	3 047 305	5	2	862	−16	0
56	棉絮、毛毡、绳索等	401	79	11	523 940	5	2	3 647	176	0
20	蔬菜、水果、坚果等的制剂产品	351	37	29	1 159 614	2	2	1 206	50	0
73	钢铁制品	316	−12	25	5 629 129	8	2	1 249	−28	0
64	鞋类	203	—	100	2 887 266	5	2	203	96	0
58	特种机织物、绣花	163	−42	98	121 284	10	1	167	−50	0
18	可可和可可制剂	128	74	74	1 221 288	7	2	172	40	0
32	鞣制或染色提取物、染料	80	—	41	1 828 152	3	2	197	30	0
60	针织或编织面料	54	−44	11	389 313	14	1	502	−22	0
19	谷物、面粉、淀粉等制剂类商品	24		5	851 275	6	1	443	85	0
59	浸渍或涂层压织物	21	−5	19	339 887	5	2	109	38	0

① 数据来自联合国贸易地图网，其中，俄罗斯的数据来源于俄罗斯的报告，土库曼斯坦的数据来源于世界各国与土库曼斯坦经济贸易数据的合计。

表4-16(续)

商品代码	商品标签	土库曼斯坦向俄罗斯出口			俄罗斯自世界进口			土库曼斯坦向世界出口		
		2020年/千美元	2016—2020年增长/%	占土库曼斯坦出口份额/%	2020年/千美元	2016—2020年增长/%	占世界进口份额/%	2020年/千美元	2016—2020年增长/%	占世界出口份额/%
49	印刷品、报纸等	16	6	64	287 949	-2	1	25	32	0
82	贱金属制品、餐具等	11	-5	58	1 671 551	7	3	19	-30	0
25	盐、硫黄、石灰和水泥	9	33	0	638 590	-2	1	44 123	12	0
94	家具与床上用品	4	42	1	2 790 367	8	1	546	31	0
68	石灰、水泥等及其制品	3	40	0	860 057	6	2	1 358	130	0
90	光学、测量和医疗器材等	2	-58	0	8 110 437	11	1	404	-12	0
95	玩具、运动产品及其零部件	1	—	1	1 909 846	6	2	77	208	0

俄罗斯是土库曼斯坦重要的原材料销售对象国，蔬菜、水果等也是土库曼斯坦向俄罗斯出口的重要商品。

二、国际组织和协会

为加强国际经济合作，土库曼斯坦加入或参与了几个重要国际标准化组织、委员会或协会的活动[①]。

（1）国际标准化组织（ISO）

该组织于1946年10月成立于伦敦，并于1947年开始活动。当时，有25个国家的国家标准化组织参加了伦敦会议，组织名称为国际标准化组织（ISO）。名称来自希腊语，意为"平等"。土库曼斯坦自1993年以来一直是ISO的成员。2000年9月14日，在东京国际标准化组织网络会议上，土库曼斯坦国家字母被登记为国际翻译文字。

（2）国际电工委员会（IEC）

该组织成立时间比ISO久远，主要致力于国际关系和国际贸易中的电气、无线电电子和通信的标准化。组织成员人数少于ISO，发达经济体参与度较高，选举有最高理事机构理事会，每年按优先事项举行会议，审议与技术、组织和财务有关的各类问题。1970年IEC根据国际标准要求，创建了电气产品认证系统。土库曼斯坦与该组织有合作，但不是组织成员。

---

① 资料来源：土库曼斯坦标准网。

（3）区域间标准化协会（MAC）

1991 年 9 月，10 个认证机构代表在安卡拉讨论后签署建立区域间标准化协会的议定书。协会每年会在安卡拉召开一次会议。该协会主要协调并开展成员国在标准化问题上与国际和区域间组织的合作。2000 年 11 月该组织会议在土库曼斯坦首都阿什哈巴德举行。

（4）独联体国家标准化、计量和认证委员会（EASC）

该组织是独联体的一个政府间组织，旨在制定和执行标准化、计量和认证的协调政策。组织成员每年举行两次会议，休会期间，其活动由主席负责管理。IGU 活动根据组织制定的条例进行，设备由一个专家组组成的区域信息中心组成。作为组织成员，土库曼斯坦自 1996 年起，先后与乌兹别克斯坦、亚美尼亚、格鲁吉亚、乌克兰、哈萨克斯坦、阿塞拜疆、塔吉克斯坦和白俄罗斯缔结了标准化、计量和认证协议。2011 年 11 月，土库曼斯坦政府与中华人民共和国政府缔结标准化、计量和认证协议。2011 年之后缔结协议的国家还包括阿联酋、波兰，缔结谅解备忘录的有奥地利、韩国等。1996 年 5 月和 2011 年 5 月，该组织的两次理事会都在土库曼斯坦召开。

（5）欧亚国家计量机构（COOMET）

该机构成立于 1991 年 6 月，最初为中欧和东欧国家气象机构合作组织，2000 年 5 月改名为"欧亚国家计量机构"。该组织活动主要包括实物数量标准、计量立法、认证和质量管理系统、信息与培训等，也包括协助解决策略的统一性、完整性、准确性问题，协调国民经济之间的合作、消除国际贸易中的技术障碍等。组织活动以《合作备忘录》和工作原则为指导，最高领导机构是委员会，由各成员国国家计量机构领导担任，每年至少召开会议一次。该组织还制定了一定时间区间的行动规划，还会举办大众论坛等。

土库曼斯坦非常重视并积极发展与国际货币基金组织、世界贸易组织、世界银行、欧洲复兴开发银行、亚洲开发银行、伊斯兰开发银行等的合作，2020 年获得世界贸易组织观察员国地位。

三、国家发展规划[①]

土库曼斯坦的经济发展依据不同的短期、中期和长期国家规划和国家方案实施。这些覆盖不同领域的国家发展规划纲要，用于指导相关领域具体工作，

---

① 本部分内容参考商务部《对外投资合作国别（地区）指南·土库曼斯坦》（2020 年）及土库曼斯坦外交部信息完成。

奠定了今日土库曼斯坦多元化、多功能经济架构的基础。其中，电力、石油天然气生产、炼油、机械和金属加工、建材、轻工和食品等是土库曼斯坦的主要代表行业。2020 年，在世界经济下滑、各国边境关闭、商业联系减少的背景下，土库曼斯坦依然保持了国民经济各部门稳定发展、外交和国际经济合作稳步推进的突出成绩，这其中，各类规划、方案的作用功不可没。

（1）《2020 年前土库曼斯坦政治、经济和文化发展战略》。土库曼斯坦 2003 年制定并出台该战略，提出要把土库曼斯坦建成一个经济社会发展指标达到世界高水平、居民生活保障的程度达到高水准的快速发展的强大国家。该战略规定了三大首要任务：一是经济高速发展、劳动生产率显著提高、新工艺广泛使用，在此基础上确保国家经济的独立与安全，推动土库曼斯坦达到发达国家水平；二是保持国家人均生产总值的持续增长；三是维护国家投资的积极性，加强生产型项目建设。

（2）《2019—2025 年土库曼斯坦国家经济社会发展纲要》。该发展纲要于 2019 年 2 月批准，提出要加快国家经济发展，将土库曼斯坦建成为发达工业国家，以市场经济为背景实施知识和创新改革，逐步实现经济的多元化、数字化，增加就业，提高人民生活水平，促进投资。它还确立了油气开采、工业、电子、电力、农业、交通通信、旅游为国家未来七年发展的重要经济领域，并确定数字经济、数字医疗等为国家发展的战略目标和向发达工业国家迈进的关键因素。为此，国家主张加快私有化，减少国有成分在国家经济中的占比；深化企业改革，以世界先进技术带动企业管理体系革命；推动工业和服务业的结构性改革，鼓励高附加值、高技术含量的产业转型；调整市场营销策略，推动出口市场多元化。

（3）《2011—2030 年土库曼斯坦国家经济社会发展纲要》。纲要计划 2030 年石油产量达到 6 700 万吨，天然气产量达到 2 300 亿立方米（出口 1 800 亿立方米），发电量达 355 亿千瓦时（计划出口 110 亿千瓦时）。为实现上述目标，土库曼斯坦加大了能源出口市场建设，提高管道出口能力，大力推进 TAPI 和跨里海等天然气管道建设。同时，推动能源产业结构与出口多元化，实施经济多元化战略，促进交通通信、化工、卫生、纺织、旅游等多领域发展，加强农村和地方建设。

（4）《扩大本国产品出口国家纲要》和《生产进口替代产品国家纲要》于 2015 年制定。其中，《扩大本国产品出口国家纲要》确立了 33 个项目，重点在化工、农业、医药、轻工和食品等行业的发展；《生产进口替代产品国家纲要》确立了 81 个项目，重点在建设肉奶食品、水果蔬菜及鱼产品加工等。

（5）《2019—2025年数字经济发展构想》于2018年11月制定，旨在提高现代信息技术运用下的经济社会运行效率。《构想》分三个阶段，2019年为第一阶段，组建机构，设置委员会，制定数字经济发展计划，完善相关技术基础和法律平台、开展人员培训、扩大融资规模、进行技术设备招标等；2020—2023年为第二阶段，发展"一站式窗口"服务，引入数字化会计制度；2024—2025年为第三阶段，实施数字化项目，进入国际数字经济体系。

（6）《土库曼斯坦2020—2025年科学领域向数字体系转型规划》及其实施措施，于2020年3月发布。规划旨在建立高效、可持续、有效益的数字科学体系。计划通过广泛应用数字技术，提高产学研结合度，为国家经济改革和建设提供强大科技支撑。

（7）《2020—2025年土库曼斯坦对外经济活动发展计划》《土库曼斯坦总统关于改变村庄、乡镇、城市和地区中心人口社会状况的国家方案》（新版）和《2015—2020年加强就业领域和创造更多就业场所计划》是国家2020年完成的主要工作。2020年，国家保障了工资、养老金、政府福利和学生奖学金的资金，并将预算资助的机构、自我维持的企业和非政府组织的雇员工资、养老金和国家津贴、学生奖学金等增加了10%。

2020年，为应对新冠病毒感染疫情给国家经济带来的负面影响，土库曼斯坦出台了一系列政策，包括：调整国家预算，压缩财政支出，鼓励吸引外资，加大生产领域投资；压缩国家建设计划，除国内电网和土库曼斯坦—阿富汗—巴基斯坦输电线路和通信光缆等重点项目外，建设重点优先考虑民生设施；加大进口替代和扩大出口落实，挖掘油气、纺织、农业、地毯等优势产业潜力，提高优势产品出口，完善市场营销，开展线上贸易；优化油气发展战略，调整油气生产任务，应对国际能源市场价格波动风险；开拓能源市场，扩大油气及化工产品出口，做好市场调研，开拓更高利润的能源市场；加大对疫情影响较大的航空运输和中小企业扶持力度，给予政策优惠。

2020年土库曼斯坦当选为两个重要的联合国机构成员，分别为2021—2025年的联合国社会发展委员会和2021—2024年的联合国科学和技术促进发展委员会。这生动地证明了国际社会支持土库曼斯坦政府为国民经济的稳定增长而采取的措施，同时也展示出土库曼斯坦愿意通过国际合作加快国家建设的努力。

第五章　丝路友谊绵延流长

1991 年 12 月 27 日，中国承认土库曼斯坦独立。1992 年 1 月 6 日，土库曼斯坦同中国建立大使级外交关系。两国高层领导人互访不断，两国关系发展迅速，双方在各领域中的合作不断加强。

第一节　汗血马的故乡

养马是土库曼人经济生活的重要组成部分，经过独立初期的经济衰落后现在又兴盛起来。纯种阿哈尔捷金马已由 2 500 匹增加到 2 万多匹。土库曼斯坦培育的阿哈尔捷金马是世界上最古老、最名贵的一种马。它的记载最早见于公元前 4~3 世纪。这种马产于土库曼斯坦科佩特山脉和卡拉库姆沙漠间的阿哈尔绿洲，是经过 3 000 多年培育而成的世界上最古老的马种之一。阿哈尔捷金马体态匀称，威武剽悍，力量大、速度快、耐力强，性情暴烈，但驯服后非常顺从。马神态威严，步伐轻盈，能在缺水少食的情况下穿越沙漠，经常在国际马赛中获奖。德、俄、英等国的名马大都由阿哈尔捷金马交配培育而成。常见的毛色有淡金、枣红、银白及黑色等。历史上阿哈尔捷金马大都作为宫廷用马。亚历山大·马其顿、成吉思汗等许多帝王都曾以这种马为坐骑。在中国历史文献中，阿哈尔捷金马被称为"天马"和"大宛马"。据说，史书中的"汗血马"就是阿哈尔捷金马。国际马业界极为推崇阿哈尔捷金马。

1986 年在巴黎凯旋门杯赛马比赛中，赢得冠军的阿哈尔捷金种马丹辛格·勃里伊弗被以 5 000 万美元的价格卖出，创下了有史以来的最高纪录。公元前 3 世纪亚历山大大帝在征服了这一地区后，骑着一匹阿哈尔捷金马进入距今阿什哈巴德很近的安息首都尼萨，这匹马名叫布谢费勃斯。此后这匹马便闻名于世，因为有座城市以它的名字命名。土库曼人把阿哈尔捷金马看作无价之宝，并作为珍贵礼品送给友好国家，充当友好使者。阿哈尔捷金马是土库曼人自豪的象征，被土库曼斯坦列入国徽图案。每年四月的最后一个星期日还是土库曼斯坦的赛马节。

2014年5月12日，中国国家主席习近平与土库曼斯坦总统别尔德穆哈梅多夫在北京共同出席了世界汗血马协会特别大会暨中国马文化节的开幕式。"汗血马见证了中土悠久的交往史"。开幕式上，别尔德穆哈梅多夫向习近平主席赠送了一匹汗血马。习近平主席指出了马在中华文化中的重要地位，并指出马是奋斗不息、吃苦耐劳的象征，是自强不息、勇往直前的代表。汗血马作为土库曼斯坦民族的骄傲和荣耀，早在2 000多年前就穿越古老的丝绸之路来到中国。汗血马已经成为两国友谊的使者，人民友好的见证。别尔德穆哈梅多夫强调，人文领域合作是加强两国友谊和相互了解的重要手段。两国人民对彼此的艺术和文化有着共同的兴趣，双方将继续为各领域人才广泛接触创造便利条件。

在马文化节上，艺术家们呈现了《天马飞翔》主题演出。整场演出围绕一个土库曼斯坦男孩儿与他的汗血马驹的故事展开。男孩儿骑马开启丝路之路，谈古论今，串起商路上的种种美景，融合历史使者张骞和土库曼斯坦诗人马赫图姆库里、中国长安古城与土库曼斯坦梅尔夫古堡。经历千山万水，这展现了中土友谊千年流传、蓬勃发展的光辉印记①。

第二节　三十年伟大成就②

2021年9月，土库曼斯坦举行了一系列活动，庆祝国家独立30周年。庆祝祖国独立30周年的土库曼斯坦国民经济成就展——"土库曼斯坦：和平与信任的祖国"展示了土库曼斯坦各经济部门及社会部门的成就。在这个展示国民经济与社会发展宏伟成就和渐进改革的博览盛会上，土库曼斯坦用60%的出口和40%的进口③，生动体现了国家取得的经济成果。稳定且持续的出口增长，为国家战略财政储备的稳定性创造了可能，也推动了国家经济领域的改革

---

① 人民网. 习近平接受土库曼斯坦赠予中方的汗血马 [EB/OL]. (2015-05-14) [2022-03-22]. http://world.people.com.cn/n/2014/0514/c1002-25015936. html.

② 土库曼斯坦独立以来取得的成就，尤其是近年来在保障国民基本权利、扩大改革开放领域方面取得的成绩，见土库曼斯坦政府网。

③ TURKMENISTAN GOLDEN AGE. The Exhibition of achievements of the national economy starts its work [EB/OL]. (2021-09-21) [2022-03-22]. https://turkmenistan.gov.tm/en/post/57229/exhibition-achievements-national-economy-starts-its-work.

和国际经济地位的提升。在过去 30 年里，超过 200 亿美元（约 15% 为外国资本）投资于土库曼斯坦的经济发展，其中 60% 以上的投资用于工业领域发展，大量投资用于发展科学、教育和卫生系统。根据《土库曼斯坦总统 2019—2025 年国家社会经济发展计划》，土库曼斯坦正加紧实施改善城镇和农村地区基础设施的工程建设，积极致力于建设运输物流系统完善的工业发达国家①。

2020 年，在国际社会承认土库曼斯坦永久中立的法律地位 25 周年之际，土库曼斯坦发布了《关于土库曼斯坦 2020 年活动和国家人权状况的报告》，报告分导言和九个章节②。在过去四分之一世纪里，中立的地位反映为土库曼斯坦国家和外交政策的有效性。依据《土库曼斯坦永久中立宪法法》和《土库曼斯坦国际人权义务宣言》，国家通过了一项关于中立土库曼斯坦国际人权义务的宣言，明确指出尊重人权和自由是正义与和平的基础。

2019 年的宪法改革，旨在实现国家法律制度现代化和社会民主化，加强国家人权和自由保护的法治基础。当年，土库曼斯坦第六次当选为联合国会议主席（75 届），并提出了具有全球普遍意义的重要倡议。通过与国际组织开展人权合作，土库曼斯坦的国际影响力不断提升。在新冠病毒感染疫情严重挑战全球安全的背景下，土库曼斯坦启动了应对新冠疫情的工作，尽力防止或降低其对国家经济社会发展造成的负面影响。

独立后的土库曼斯坦将保障人民的和平生活、维护地区和世界和平作为国家发展进步的一项重要目标。2020 年在世界和地区局势复杂多变情况下，土库曼斯坦保持了经济的可持续发展和社会稳定，开展了广泛的国际协商合作。2020 年国家预算支出的 70% 用于社会和公共服务，完成率达到 94.9%，特别是在教育、卫生、社会保障、改善住房和社区服务等领域，取得显著成效。积极的内外政策，政治、经济、社会和法律转型，私有化政策的实施，体现了民生优先的理念。《土库曼斯坦总统 2019—2025 年国家经济社会发展方案》《土库曼斯坦总统 2020 年前改造村庄、城乡中心居民社会和生活条件的国家方案》《2011—2030 年土库曼斯坦经济社会发展方案》《2019—2025 年土库曼斯坦数字经济发展概念》《2015—2020 年土库曼斯坦改善就业制度和创造新就业机会计划》《2018—2024 年土库曼斯坦支持中小企业发展国家方案》，以及《2017—2023 年中立土库曼斯坦外交政策理念》等，都为国家的稳步发展做出贡献。同时，针对新冠疫情对国家经济社会的负面影响，土库曼斯坦开展了抗击疫情

---

① 本部分内容源自今日土库曼斯坦网。
② 该报告内容来源于土库曼斯坦政府网。

的全面工作，出台《在土库曼斯坦应对和应对急性传染病的计划》《土库曼斯坦抗击急性传染病流行的社会经济行动计划》等，明确具体任务，设定工作目标。此外，《2018—2022 年在土库曼斯坦实现儿童权利的国家行动计划》《2019—2024 年消除土库曼斯坦无国籍状态国家行动计划》《2020—2022 年土库曼斯坦打击人口贩运国家行动计划》《2020—2024 年土库曼斯坦防止暴力极端主义和打击恐怖主义国家战略》《2020—2025 年土库曼斯坦幼儿发展国家战略》《2015—2020 年土库曼斯坦确保性别平等国家行动计划》《2016—2020 年土库曼斯坦国家人权行动计划》《2017—2020 年确保充分实现土库曼斯坦残疾人在劳动和就业领域权利的行动计划》等政策和规划文件，进一步确保了土库曼斯坦在人权保障和公民自由领域取得的成就，丰富了土库曼斯坦保障人权的实践经验。未来几年，土库曼斯坦将进一步落实相关计划，包括《2021—2025 年确保土库曼斯坦性别平等国家行动计划》《2021—2024 年执行土库曼斯坦防止暴力极端主义和打击恐怖主义战略的国家行动计划》《2021—2025 年土库曼斯坦青年政策领域的国家方案》《2021—2025 年土库曼斯坦青年政策领域国家方案》行动计划等。这些方案的实施，将不断提高土库曼斯坦人民生活水平，夯实土库曼斯坦经济社会可持续发展的基础。

土库曼斯坦批准并加入了《公民权利和政治权利国际公约》及其议定书。为落实这一文件执行规范，2020 年以来，土库曼斯坦加大了法律框架完善工作，如对《土库曼斯坦刑事诉讼法》《土库曼斯坦刑法》《土库曼斯坦行政犯罪法》《土库曼斯坦选举法》《土库曼斯坦移民法》《移民服务法》《法院法》《预防犯罪法》《公共结社法》的改进，并建立新的两院制议会，提高了国家立法的有效性。

2020 年，根据《土库曼斯坦公民身份法》，来自 19 个国家或永久居住在土库曼斯坦的 2 580 人成为土库曼斯坦公民，来自 11 个州代表 31 个国家国籍的 874 人获得了居留许可。相关立法及其修订，如 2019 年通过的《土库曼斯坦公民身份法》，也在持续推进中。

面对新冠病毒感染疫情及其危害，土库曼斯坦采取积极的法律措施，规范社会、经济与文化等诸多领域活动，降低疫情风险和损害。2020 年土库曼斯坦通过了 57 项相关法律，包括"电子文件、电子文件管理和数字服务"和"环境信息"法的修订和补充，批准《2020—2021 年减少世界经济复杂条件对国家经济和国民经济可持续发展的国家方案》，并针对就业和人力资源保障问题，对《保障青年工作权利法》《土库曼斯坦劳动法》等进行了补充、修订，强调了劳动者劳动活动相关的权益保护。例如，条款规定，如果员工因各方无法控制的情况而无法履行劳动职责，则在他/她无法履行劳动职责期间，他/她的劳资关系应被视为持续。在这种情况下，工资和其他收入应根据土库曼斯坦立法进行。该条款为保护那些以前因各种原因离开该国、因与新冠病毒感染疫情相关的某些限制而无法回国的人的工作岗位奠定了基础。同期，土库曼斯坦改善劳动就业和创造新就业机会的方案以及改善青年专业人员就业制度的方案的后续工作也按计划执行。为落实上述方案，土库曼斯坦工业家和企业家联盟团结了几乎所有经济部门运营的私营企业的30万多名代表，其中包括4 776名妇女。在1 504名企业家成员中，有294名为妇女。2020年私营部门创造了2 205个就业机会。同年，在与劳动和社会保障机构求职有关的35 644人中，有18 016人就业，占50%以上，这其中，有50位是残疾人。

2020年，土库曼斯坦收到47项关于劳工问题的书面上诉，占上诉总数的16%；29项口头上诉，占上诉总数的12.8%。这些上诉多与就业有关。《土库曼斯坦人口社会保护法》和其他法律也规定了对公民的社会保护权利。2020年土库曼斯坦执行的十几项长期保障公民社会权益的方案，99.9%由国家预算支持完成，约为2 196 495万马纳特。这其中包括医疗保健、疾病治疗和预防、高素质医务人员培养、改善人口健康等。土库曼斯坦实施了系统的国民健康计划，如《2020—2025年土库曼斯坦人口健康营养国家方案》及其行动计划、《2018—2022年土库曼斯坦保护心理健康国家方案》及其行动计划、《2018—2025年土库曼斯坦人口增加体育活动国家战略》《2018—2024年防止土库曼斯坦酒精有害影响国家方案》《2017—2021年执行世卫组织土库曼斯坦烟草控制框架公约国家方案》《预防和治疗糖尿病方案》《2020—2024年预防结核病传播联合行动计划》《2011—2020年支持和发展运动和体育国家方案》《2020—2025年土库曼斯坦幼儿发展国家战略》，同时也包括2019年完善的《环境信息法》《体育法》《土库曼斯坦保护人民健康法修正案》等。土库曼斯坦每年分配了大量公共资金，在全国各地修建符合国际标准并配备高质量设备的医院、疗养院、卫生院等，包括国际烧伤中心、美容服务中心等，也包括传染病诊所。2020年新冠疫情发生后，土库曼斯坦成立了抗击疾病传播特别委员会，并在全国多地设置了分支机构、地方机构，与世界卫生组织联合开展抗疫工作。总统别尔德穆哈梅多夫在2020年12月31日的新年讲话中指出："一个健康的社会是国家坚实的基础。我们开展系统性的工作来保护人们的健康，提高他们的预期寿命，预防疫病，并引入健康的生活方式。"在"国家健康就是国家财富"的口号引领下，土库曼斯坦正采取有针对性的措施，改善医疗保健系统，提倡健康生活方式，广泛开展体育文化和运动活动，实行行业基础设施现代化，提高人民的生活质量①。

为提高公民接受科学和教育的机会，土库曼斯坦每年从国家预算中分配一定经费，用于提高科学和教育的基础设施水平，促进技术进步。2020年这部分费用约为6 033 935万马纳特，完成预算的99.9%。土库曼斯坦正大规模开展国民教育系统现代化工作，努力将大学教育提升到发达国家水平。国家通过《基本法》《土库曼斯坦教育法》（修订）等，保障了公民接受教育的权利，并积极致力于提高教育水平，实施《数字教育系统发展概念》等行动项目。2020—2021学年，土库曼斯坦一年级新生入学人数为14 337人，比前一年增加了2 950人。同期，9 490名学生被中等职业教育机构录取。土库曼斯坦重要的职业教育专业包括教育学、医学、文化艺术、金融、经济、贸易、运输、农业、旅游、石油和天然气、化学等。土库曼斯坦的中学越来越多地配备了计算机、实验室设备、多媒体设施，并加快了互联网建设。学习的课程包括经济学基础知识、计算机科学、设计和文化遗产、世界文化、生态学、信息和通信、创新技术、建模、图形学等。此外，土库曼斯坦有184所专门学校遍布全国，教授计算机科学、自然科学、人文学科、外语（含英语、俄语、德语、法语、意大利语、中文、日语、韩语、阿拉伯语、波斯语和土耳其语）。学前教育也快速发展。2020年，根据国家元首令，教育部成立了一个创新信息中心，批准了《改善土库曼斯坦自然科学和精密科学教学的构想》，发布了实施行动计划。

正如总统别尔德穆哈梅多夫演讲中所言，"我们的主要任务是培养一代受过高等教育的真正的爱国者，他们了解人民的历史，为今天国家的崇高成就感到自豪，并愿意为独立的土库曼斯坦增添新的荣耀"。

土库曼斯坦加强了教育、科学、技术、创新等领域的国际合作，主要包括联合国相关机构，如开发署、人口基金、教科文组织等，并开展联合项目，实施发展计划。在文化领域，土库曼斯坦依据中立国家的要求，开展大量工作，出台《2019—2025年土库曼斯坦文化领域发展方案》《2016—2021年土库曼斯坦国家科学研究和促进国家文化遗产方案》《2015—2020年土库曼斯坦国家非物质遗产收集、核算、研究和保护国家方案》等文件。为落实上述文件要求，2019年土库曼斯坦花费了526 672.8万马纳特，约占预算总额的99.7%。在鼓励民众参与文化生活、利用科学成果、保护其版权、从事科学和创造性活动的

---

① MINISTRY OF FOREIGN AFFAIRS OF TURKMENISTAN. HEALTHCARE[EB/OL].(2022-01-10)[2022-03-22].https://www.mfa.gov.tm/en/articles/7.

同时，保护、研究、修复国家的历史和文化遗迹也是一项重要任务。目前，土库曼斯坦登记在册的国家历史和文化遗产达到 1 422 座，还加入了数十项与文化有关的国际条约。

在国际文化交流方面，2020 年，土库曼斯坦国家通讯社（TDH）与印度最大的通讯社亚洲新闻国际签署了一份关于交换新闻的备忘录，与白俄罗斯电讯社签署了一份关于通过外交渠道交流新闻的备忘录。

2020 年以来，土库曼斯坦修订多部法律文件，以完善国家法律体系，确保法律文本符合时代变化。这些修订的文本包括《土库曼斯坦行政诉讼法》《土库曼斯坦仲裁程序法》《土库曼斯坦民法典》《土库曼斯坦行政犯罪法》《土库曼斯坦打击犯罪所得合法化、资助恐怖主义和资助大规模毁灭性武器扩散法》等。土库曼斯坦还与联合国儿童基金会签署了"保护和促进儿童权利"的 2020 年度工作计划。

2020 年在新冠疫情大流行背景下，土库曼斯坦通过线上视频会议等方式，举办各种研讨、交流、汇报、评估等活动，完成与国际社会的沟通交流与合作。在可持续发展等议题上，土库曼斯坦顺利通过国际机构的审核，完成新的框架协议签署，这其中包括土库曼斯坦政府和联合国国际开发署协商讨论完成的"2021—2025 年新的国家合作方案草案"，该方案草案源于 2021—2025 年土库曼斯坦政府与联合国之间的可持续发展合作框架方案。针对新冠病毒感染疫情和移民问题，土库曼斯坦与国际移民组织开启了相应的区域项目。此外，关于打击毒品和犯罪问题、消除贩卖人口犯罪、保护妇女儿童权益等，都在2020 年的合作中有了新进展。土库曼斯坦还参加了中亚国家人权机构倡议（CASI-NHRI）框架的活动，参与了路线图的制定和执行。

独立以来，土库曼斯坦逐步开始形成并加强了国家体育运动，积极开展体育领域的国际合作。国家体育的发展为人民保持身心健康、创造和谐美好的生活方式提供了更好条件。全国各地修建了多功能体育场馆、体育和娱乐综合体、赛马场、体育学校和其他体育设施。运动员的训练方法也得到改善，国内体育比赛条件明显提高。在此基础上，土库曼斯坦运动员开始积极参加国际比赛，既展示了体育成绩，也促进了健康强壮的体魄。2012 年起，发展健康、朝气蓬勃的土库曼斯坦国家，成为国家体育运动的口号。

土库曼斯坦的冬季体育运动项目的开展，培育出具有国际水平的国家曲棍球队。在阿什哈巴德建造的冬季运动综合体和阿瓦扎国家旅游区建造的具有专业水准的多功能体育综合体，为冬季运动的开展创造了更好条件。

为保证体育事业的发展，国家出台了《打击体育运动中的兴奋剂法》《志愿服务法》《职业体育》《马匹养殖和马术运动》等法律法规或政策意见。在融入国际奥林匹克运动精神的支持下，土库曼斯坦批准了《反对在体育运动中使用兴奋剂国际公约》，加入《保护奥林匹克会徽内罗毕条约》等。2017—2023年，土库曼斯坦外交政策的一个重要内容是全面、有效地融入世界奥林匹克运动体系。

在"2019—2025土库曼斯坦文化领域发展方案"指导下，土库曼斯坦在改善影剧院、音乐中心、图书馆、博物馆、艺术学校、国家历史和文化保护设施等领域，认真开展了工作。为发展国家文化事业，独立30年来，土库曼斯坦已拥有10家国家剧院，1家马戏团，36家国家博物馆和国家图书馆，以及儿童图书馆、盲人和聋人图书馆等。在各个地区还有区域图书馆或文化部下属的图书馆。数字化文化产业建设全面展开。

2020年，作为"中立家园——土库曼斯坦"文化活动的一个组成部分，土库曼斯坦在阿什哈巴德组织了一次线上国际会议和摄影展。来自国内外的摄影师和记者，以及来自俄罗斯、中国、韩国、德国、比利时、土耳其、印度、乌兹别克斯坦、阿富汗等国家的代表，以视频方式参加了活动。2020年5月，由中国和平基金会、北京国际和平文化基金会和中国对外友协等多家机构联合举行的土库曼斯坦展览会在北京举办。别尔德穆哈梅多夫总统的作品《土库曼民族的精神世界》中文版，也于2020年10月在土库曼斯坦和中国两地进行了正式发布。

旅游业的发展是国家社会建设的重要方面。土库曼斯坦大约有300个旅游场地获得了服务合格证书，全国有100多个历史遗迹。著名的国家旅游景区有阿瓦扎、卡拉库姆沙漠、桑巴尔峡谷等。在国际社会支持下，土库曼斯坦开设了导游培训等课程，加强了著名历史遗址文化保护和科学使用。土库曼斯坦的地毯、白色大理石城市阿什哈巴德、新建的国际机场等，被收入《吉尼斯世界纪录大全》。

2020年，土库曼斯坦通过了《2020—2025年土库曼斯坦科学领域向数字系统过渡计划》和《2021—2025年土库曼斯坦化学科学和技术综合发展国家方案》，旨在加强国家科学技术、科学项目研究、实验室和数字化建设等领域的工作，在材料、技术、专门的法律文件等方面，也做了精心安排和准备。在人道主义、国际标准建设、青年科技人才培养、促进科学技术的国际合作等方面，土库曼斯坦进行了积极的尝试，取得了诸多成果。在纳米技术、能源、生物技术、分子技术、农业、信息通信、现代医学和制药、生态和遗传学等多个领域，土库曼斯坦已开始培养年轻的青年科研人员队伍，加强基础性、系统性学科建设。在创新技术、节能与环境保护、替代能源研究、能源开发与生产使用的新技术等方面，土库曼斯坦正加大科学研究力度。此外，生物遗传、环境与生态、运输和物流、农业科学技术、抗震减灾、资源勘探开发与新技术的使用、建筑新材料的研发、传染病防治等，都是土库曼斯坦科学技术进步的突破方向。这些领域的成果，将为经济社会的稳步前进提供更加有力的支持和帮助。

第三节　战略伙伴融会贯通

中土建交30年来，实现了跨越式发展。中国是世界上第一个与土库曼斯坦建交的国家，是第一批支持土方奉行永久中立政策的国家，是土库曼斯坦第一个以政治文件形式确立的战略伙伴。中土两国关系的发展给两国和两国人民带来了实实在在的利益，为维护地区和平与稳定做出了重要贡献①。

土库曼斯坦是习近平主席就任国家主席后访问的第一个中亚国家。2009年至2020年3月，中土天然气管道向中国累计供气超过3 000亿立方米②，两国互为第一大天然气贸易国。双边贸易额从建交初期的450万美元到2013年突破100亿美元，增长2 000多倍。自2011年至2017年，中国连续7年成为土库曼斯坦第一大贸易伙伴国，土库曼斯坦是中国在中亚地区的第二大贸易伙伴③。

两国领导人互访和一系列重大文件的签署，印证了双边友谊建立的漫长历程。

1992年1月6日，在土库曼斯坦首都阿什哈巴德，中土两国发表《中华人民共和国和土库曼斯坦建交联合公报》，正式确立双边关系。

1998年8月31日—9月4日，时任总统尼亚佐夫对中国进行国事访问，双方签订《中华人民共和国和土库曼斯坦关于进一步发展和加强两国友好合作关系的联合声明》。

2006年4月，时任总统尼亚佐夫对中国进行国事访问，双方签署了联合

① 央视网.习近平同土库曼斯坦总统就中土建交30周年互致贺电［EB/OL］.（2022-01-06）［2022-03-22］.https://baijiahao.baidu.com/s? id=1721205006751696581&wfr=spider&for=pc.

② 中国经济网.中亚天然气管道输气超3 000亿立方米［EB/OL］.（2020-03-08）［2022-03-22］.https://baijiahao.baidu.com/s? id=1660579293252905497&wfr=spider&for=pc.

③ 21世纪经济报道.中国驻土库曼斯坦大使孙炜东：中土正在商签"一带一路"合作文件［EB/OL］.（2022-01-10）［2022-03-22］.http://money.163.com/17/0720/05/CPP11NVQ002580S6.html.

声明。

2007 年 7 月，别尔德穆哈梅多夫总统对中国进行国事访问，两国签署《中华人民共和国和土库曼斯坦关于进一步巩固和发展友好合作关系的联合声明》。

2007 年 11 月，时任中国国务院总理温家宝对土库曼斯坦进行正式访问。

2008 年 8 月，别尔德穆哈梅多夫总统访华并出席北京奥运会开幕式相关活动。同月，时任中国国家主席胡锦涛对土库曼斯坦进行国事访问，两国发表联合声明。

2009 年 12 月，时任中国国家主席胡锦涛对土库曼斯坦进行工作访问，就加强中土务实合作提出 4 点建议：尽快启动中土合作委员会机制；深化两国能源领域合作；加强非资源领域合作；落实好双方商定的贷款项目。

2010 年 4 月 30 日—5 月 2 日，别尔德穆哈梅多夫总统对中国进行国事访问，并出席上海世博会开幕式。

2011 年 11 月 22—25 日，别尔德穆哈梅多夫总统访华，发表《中华人民共和国和土库曼斯坦关于全面深化中土友好合作关系的联合声明》。

2012 年 6 月，别尔德穆哈梅多夫总统访华并出席在北京举行的上海合作组织成员国元首理事会第十二次会议。

2013 年 9 月 3—4 日，习近平主席对土库曼斯坦进行国事访问，两国签署《中华人民共和国和土库曼斯坦关于建立战略伙伴关系的联合宣言》。

2014 年 5 月 11—14 日，别尔德穆哈梅多夫总统访华。两国元首共同签署了《中华人民共和国和土库曼斯坦友好合作条约》《中华人民共和国和土库曼斯坦关于发展和深化战略伙伴关系的联合宣言》《关于通过〈中华人民共和国和土库曼斯坦战略伙伴关系发展规划（2014 年至 2018 年）〉的声明》，并见证了天然气、农业、交通、金融、文化等领域多项合作文件的签署[1]。

2015 年 11 月，别尔德穆哈梅多夫总统专程来华祝贺中国人民抗日战争暨世界反法西斯战争胜利 70 周年。两国领导人会谈时指出，中土是长期稳定的能源战略合作伙伴，自建立战略伙伴关系以来，双方在彼此重大关切的问题上相互支持，在经贸、油气、电信、交通、农业等多领域的合作取得稳步发展，未来将进一步推动双方优质产能合作、扩大自土方进口传统优势产品，巩固中

---

① 土库曼斯坦总统访华 习近平接受土方赠与中国汗血宝马[EB/OL].（2014-05-13）[2022-06-25].http://www.guancha.cn/Neighbors/2014_05_13_228983.shtml.

土友谊，密切沟通交流①。

2019 年 9 月，中国与土库曼斯坦在北京举行司局级经贸磋商。双方围绕经济贸易、投资、电子商务、矿产资源开发、非资源领域合作等议题，进行了历史梳理和政策沟通，挖掘新的合作增长点，达成多项有意义的具体合作意向②。

2021 年 5 月 6 日，习近平主席同别尔德穆哈梅多夫总统通电话。习近平指出，中土建交以来，两国关系取得多项"第一"，是成色十足的战略伙伴关系。在中国共产党成立 100 周年、土库曼斯坦独立 30 周年和中土建交迎来 30 周年之际，双方要抓住机遇，全面拓展合作，为两国发展振兴提供强劲动力，推动两国战略伙伴关系再上新台阶。双方在天然气领域的合作是互利共赢理念的生动体现。两国领导人同意加强信任，相互支持，挖掘潜力，加大在天然气、经济贸易、跨境运输、医疗卫生和人文交流等多领域务实合作，共同推动两国关系全方位深入发展③。

经过近 30 年的努力，中国与土库曼斯坦已经建立起相互理解、相互信任的稳定双边关系。目前，中土两国正积极以"一带一路"倡议和土库曼斯坦"复兴丝绸之路"倡议对接为引领，扎实推进落实两国元首达成的重要共识，研究加强双方经济贸易领域政策对接和合作项目探讨，不断将双边合作水平提升到一个新的高度，为中土关系再创佳绩添砖加瓦。

2021 年 10 月，中土经贸合作分委会第七次会议以视频方式举行。双方同意在保证天然气长期稳定供应同时，加强全产业链合作，扩大医药、机电产品、农产品的贸易合作，持续扩大贸易规模，加快《扩大经济伙伴关系规划》商签，尽快启动一批优先项目，加强数字赋能和绿色赋能尽快落地，共同打造两国务实合作新业态新领域。在加强抗疫合作的同时，中土双方将扩大直接投资规模，加强金融与私营企业间的合作，推动双边经贸合作取得新的成果④。

① 新华网. 习近平同土库曼斯坦总统别尔德穆哈梅多夫举行会谈 [EB/OL]. (2015 - 11 - 12) [2022 - 03 - 22]. http://www.xinhuanet.com/politics/2015 - 11/12/c_1117126556. htm.

② 中华人民共和国驻土库曼斯坦大使馆经济商务处. 中国与土库曼斯坦司局级经贸磋商在京举行 [EB/OL]. (2019 - 09 - 13) [2022 - 03 - 22]. http://tm.mofcom.gov.cn/article/todayheader/201909/20190902898954. shtml.

③ 新华社. 习近平同土库曼斯坦总统别尔德穆哈梅多夫通电话 [EB/OL]. (2021 - 05 - 06) [2022 - 03 - 22]. https://baijiahao.baidu.com/s? id = 1699021272368417399&wfr = spider&for = pc.

④ 中华人民共和国驻土库曼斯坦大使馆. 中土经贸合作分委会第七次会议：保障中土天然气长期稳定供应 推进非资源领域合作走深走实 [EB/OL]. (2021 - 10 - 15) [2022 - 03 - 22]. http://tm.china-embassy.org/sbwl/202110/t20211015_9554089. htm.

2022 年 2 月，别尔德穆哈梅多夫总统应邀参加北京冬奥会开幕式。北京冬奥会为两国体育合作注入新动力。"土中两国传统友谊将代代相传。"在接受采访时，别尔德穆哈梅多夫总统强调，中土能源供需实现优势互补，潜力巨大。"起始于土库曼斯坦的中国—中亚天然气管道是两国在平等互利基础上发展伙伴关系的重要例证。"中土两国在政治、经贸、能源、交通、文化、投资和高科技等领域的合作，未来可期。推动"复兴丝绸之路"发展战略与"一带一路"伟大倡议的对接，为区域经济发展注入强大动力①。

两国元首在北京会晤期间，高度评价了双边关系与合作前景。习近平主席指出，中方始终从战略高度和长期角度看待双边关系，愿与土方一起深化全方位互利合作关系，更好地造福两国人民。中土天然气领域的战略合作促进了两国的经济社会发展，未来将进一步着眼长远，加大统筹规划，全面挖掘潜力，充实合作内涵，提升合作水平，实现互利共赢和共同繁荣。加强战略对接、互联互通、防疫合作，尽快落地文化中心建设，加大人才培养，维护区域和平，将成为下一阶段重要工作内容②。别尔德穆哈梅多夫总统则表示，过去一段时期，基于平等、互利、尊重和信任原则，中土伙伴关系得到积极发展，并沿着上升趋势稳步前行，造福两国人民。中国是土库曼斯坦长期的主要贸易伙伴，石油和天然气是双边合作的优先方向和主要组成部分，天然气管道建设项目的实施，确保了土库曼斯坦向中国稳定供应"蓝色燃料"。这个宏伟项目是基于所有参与者利益平衡，建设长期伙伴关系的具体体现，是加强区域和全球能源安全的真正贡献。土库曼斯坦将加快推进中国中亚天然气管道 D 线建设等合作项目，拓展能源、通信、物流、技术、人道主义、文化和其他一些双方感兴趣领域的双边合作交流，挖掘双方在广泛领域开展富有成效合作的潜力，提高双边关系水平。

2022 年 2 月，土库曼斯坦交通运输部门领导人以视频方式会见了中国企业负责人，双方商议了关于利用经过土库曼斯坦的运输线路，并开展了铁路机械社会和造船技术交流的事宜。这将为从中国出发，经过土库曼斯坦到达欧洲的定期集装箱运输提供新的运输走廊③。

---

① 土中两国传统友谊将代代相传：访土库曼斯坦总统别尔德穆哈梅多夫［N］. 人民日报，2020-2-3（02）.

② 央视网. 习近平会见土库曼斯坦总统［EB/OL］.（2022-02-05）［2022-03-22］. http://news.cctv.com/2022/02/05/ARTIKjXz6pVeqNw2KVjsWAAa220205. shtml.

③ 中华人民共和国驻土库曼斯坦大使馆经济商务处. 土库曼斯坦交通运输署与中国企业探讨交通领域合作［EB/OL］.（2022-02-16）［2022-03-22］. http://tm.mofcom.gov.cn/article/jmxw/202202/20220203280420. shtml.

土库曼斯坦严格奉行一个中国的立场，认为两国关系发展基础稳定，未来前景广阔。目前中国与土库曼斯坦已经在政治、经济、文化、能源、基础设施等多领域展开了富有成效的合作。两国友好关系的发展符合双方共同利益，也有助于维护地区和平发展。战略伙伴关系的确立和双方高层密集的往来，确保了双边高度政治互信和密切互利合作，在彼此关注的重大国际、地区和双边问题上，也增进了相互沟通、理解与坚定支持，为地区稳定繁荣做出自己的贡献。

土库曼斯坦与中国之间天然气的贯通，是两国关系发展史，也是地区合作关系史上的重要里程碑。2009年12月15日，起自土库曼斯坦经乌兹别克斯坦和哈萨克斯坦进入中国新疆霍尔果斯的天然气管道开始向中国通气。该管道境外全长1 833千米。管道的通气标志着地区合作开启新的篇章。

中国与土库曼斯坦合作的重点领域为石油天然气。

早在2000年7月，中石油集团就与土库曼斯坦石油部签订了石油天然气领域的合作谅解备忘录。2006年4月，两国签署了关于建设中亚天然气管道和土库曼斯坦向中国出口天然气的政府间总协定。2009年12月14日，中、土、哈、乌四国元首共同开启管道通气阀门。土库曼斯坦根据协定在30年内向中国出口天然气。这促进了双边贸易出现大幅增长，双边合作快速发展。2010年开始，中国进口巨幅增长，中土双边贸易中，土库曼斯坦的顺差额持续扩大。

中国—中亚天然气管道的顺利通气，改变了中国与土库曼斯坦之间的贸易产品结构和投资方向。中方自土库曼斯坦进口商品的90%来自天然气和其他相关矿物燃料，而中方对土库曼斯坦出口的主要商品也紧紧围绕石油开发与运输，夹杂有传统的日用品、机械与运输工具等。

中国—中亚天然气管道A、B线的开通，带动了中亚区域合作的步伐。2012年9月，经土乌边境，连接乌兹别克斯坦、哈萨克斯坦与中国之间的天然气管道，亦称中国—中亚天然气管道C线开始建设，并于2014年6月顺利实现向国内通气。2014年9月，习近平主席访问塔吉克斯坦期间，中国—中亚天然气管道D线开工仪式隆重举行。这意味着通过中国与土库曼斯坦的天然气生产与运输合作已经完成将中亚五个国家全部紧密联系在一起的初步构想。

中国—中亚天然气管道是中国第一条跨国天然气管道。这条管道的A、B、C、D线全部完成后，将实现年输气量850亿立方米，既满足了中亚国家出口天然气和中方进口天然气的经济发展需要，也符合地区互联互通、合作共赢的利益。

作为中国在海外最大的天然气生产运输项目，中国—中亚天然气管道的建成，改变了中国的能源供给状况，提升了中国与中亚国家合作水平，拓展了中国在中亚投资贸易的影响力，是新时期中国能源外交和建设"丝绸之路经济带"的重要组成部分。中国—中亚天然气管道建设带动了包括中亚、南亚、西亚和俄罗斯在内的地区国家的互利合作，为区域经济一体化创造了机遇和条件。

2014年别尔德穆哈梅多夫总统访华期间，习近平主席高度评价了中土天然气合作。习近平指出，中土互为最大的天然气合作伙伴，合作基础扎实、发展前景广阔。双方要加强全方位合作，尽早启动中国—中亚天然气管道D线建设，加快实施气田开发项目，扩大油气加工合作，共同维护两国油气管道和设施安全，携手打造互利共赢的能源战略伙伴关系[1]。

随着中土经济合作的日益深入、拓展，中资企业在土库曼斯坦的活动不断增加。当前在土库曼斯坦的中资企业35家，其中中央企业12家，新疆企业5家（见表5-1）。

表5-1　驻土库曼斯坦的主要中资企业（截至2014年）[2]

序号	企业全称	企业性质	经营范围
1	中石油阿姆河天然气勘探开发（北京）有限公司	中央企业	天然气勘探开发；承包天然气作业和服务；天然气勘探技术开发、技术推广、技术咨询；货物进出口、技术进出口、代理进出口
2	川庆钻探工程有限公司土库曼斯坦分公司	中央企业	承担石油工程施工作业；以进口（土库曼斯坦）贸易合同的方式，及时、通畅地解决石油工程服务中钻井材料、钻机配件以及其他设备、零配件；扩大石油机械产品的出口
3	中国石油集团工程设计有限责任公司土库曼斯坦分公司	中央企业	市场开发、签订物资进口合同、承揽工程勘察设计及总承包项目、产品和服务销售、项目人员及业务管理、后勤保障
4	中国石油国际事业（土库曼斯坦）有限公司	中央企业	天然气的采购及进口贸易，油气田副产品的销售；土库曼斯坦境内的原油贸易、成品油销售及加工业务

---

① 中国新闻网. 习近平同土库曼斯坦总统举行会谈［EB/OL］.（2014-05-12）［2022-03-22］. http://www.chinanews.com.cn/gn/2014/05-12/6161813.shtml.

② 根据国家商务部网站资料统计。

表5-1（续）

序号	企业全称	企业性质	经营范围
5	中工国际工程股份有限公司土库曼斯坦分公司	中央企业	对外业务开发
6	中国铁路物资驻土库曼斯坦办事处	中央企业	开发钢材、铁路线上器材和机车车辆配件市场
7	中国石化集团胜利石油管理局（土库曼斯坦）分公司	中央企业	主要从事油气及共生矿藏开发利用、石油工程、建筑安装、机械制修、运输、化工产品加工销售、设备材料进出口等业务活动。
8	中电科技国际贸易有限公司驻土库曼斯坦办事处	中央企业	对外联络、市场开拓、售后服务

从 2012 年始，土库曼斯坦跃升为中国最大的天然气供应国，中国从土库曼斯坦进口的天然气占中国天然气进口总量的 50% 以上。2013 年中国企业在土库曼斯坦新签承包工程合同 22 份，新签合同额 11.13 亿美元。

2015 年，中资企业在当地合作的重要项目包括：中国石油天然气集团公司承建的中土天然气管道项目、中石化胜利石油管理局执行的当地油井修复和钻井项目、中国石油技术开发公司向土库曼斯坦出口油气设备项目、中信建设有限责任公司向土库曼斯坦出口铁路客车厢项目和华为技术有限公司向土库曼斯坦出口通信设备项目、中机进出口公司向土库曼斯坦出口铁路设备等。

第四节 广阔未来共同创造

近年来，土库曼斯坦的经济发展速度在中亚国家中居于前列。根据世界银行数据，2018 年土库曼斯坦人均 GDP 达到 6 967 美元，属于中高收入国家。土库曼斯坦经济持续增长的动力在于高投资，由此拉动了油气产业、工业、建筑业、电力和纺织业等的稳步增长。固定资产投资和社会消费品零售总额的同步增长，显示出土库曼斯坦经济发展的环境良好，人民对国家经济前景充满信心。

土库曼斯坦维持高速、健康经济发展的诀窍在于国家丰富的资源和对外经济贸易合作的加强。寻求对外合作多元化是国家不懈的努力方向。同时，针对本国发展制定相应的规划是政府做好国家经济工作的重要手段。2003 年，土库曼斯坦政府制定了《2020 年以前土库曼政治、经济和文化发展战略》，提出要把土库曼斯坦建成一个社会经济发展指标达到世界高水平、居民生活保障程度达到高水准的快速发展的强国，并设定三大首要任务：①以经济高速发展、新生产工艺的应用、劳动生产率的提高为依托，保持经济的独立与安全，使土库曼斯坦达到发达国家水平；②保持人均生产总值持续增长；③保持高度的投资积极性，增加生产型项目建设。

《土库曼斯坦总统 2012—2016 年国家社会经济发展纲要》强调多元经济的重要性，注意协调和持续发展问题，在平衡速度规模和持续协调的基础上，以出口和国内需求为导向优先发展有竞争力的行业，尤其是基础经济行业，具体包括石油天然气、电力、化工、纺织、农产品加工、交通、通信以及建材工业等领域，加快完成产业结构调整，实现工业等领域现代化改造，建立适合土库曼斯坦国情的多元经济体制。

根据国家发布的《2011—2030 年社会经济发展纲要》，土库曼斯坦拟在未来 20 年维持较大投资力度，以保障经济快速增长和居民生活水平持续提高。计划实现的目标为：土库曼斯坦人均国内生产总值 2015 年达到 2.17 万美元，2020 年达到 3.2 万美元。2030 年石油产量达到 6 700 万吨，天然气产量达到 2 300 亿立方米，其中出口 1 800 亿立方米。扩大能源出口市场，增加现有管线出口能力，推动 TAPI 天然气管道和跨里海天然气管道。发电量达到 255 亿千瓦时，其中出口 110 亿千瓦时。化工、纺织、交通通信、卫生、旅游等各行业前景规划广阔，农村、农业和地方建设有条不紊，现行的社会福利政策长期持续保持。土库曼斯坦将继续发展石油天然气开采及加工、纺织工业和电力工业，并将其作为国家三大支柱行业。

油气开发与出口是土库曼斯坦经济发展的重要内容。为此，土库曼斯坦政府制定《2030 年前油气发展纲要》，提出加大油气勘探开发力度，提高油气产量。根据计划，土库曼斯坦 2020 年天然气产量达到 1 400 亿立方米，其中，年出口 940 亿立方米；2030 年开采量将达到 2 300 亿立方米①。

2007 年至今，别尔德穆哈梅多夫总统多次访华，积极致力于推动中土关系的健康稳步发展。2014 年访华期间，别尔德穆哈梅多夫总统对中土关系给予高度评价。他认为，当前，两国关系进入新的更高阶段。两国相互理解、相互信任。土方感谢中方尊重土库曼斯坦主权和奉行的内外政策。土方坚持一个中国政策，支持中国和平统一大业。土方希望通过访问，巩固两国传统友谊，深化土中战略伙伴关系，愿同中方共同努力，如期完成天然气合作项目，顺利

---

① 孙力，吴宏伟. 2012 年中亚国家发展报告 [M]. 北京：社会科学文献出版社，2012.

实现输华天然气新的目标。双方还要积极扩大双边贸易规模，拓展金融、矿产、通信、电力、纺织、制药等领域合作。土方支持丝绸之路经济带建设，带动两国交通基础设施领域合作。土方鼓励加强两国文化、教育、体育、青年交往。土方愿同中方携手打击三股势力，共同推动国际能源安全合作。正是在此次访问期间，两国制定了未来 5 年战略伙伴关系发展规划，从而为今后双边关系的提升指明了方向。

土库曼斯坦非常重视与中方的经济合作。中土政府间签署了《关于鼓励和相互保护投资协定》，为两国企业开展合作奠定了重要的法律基础。

土库曼斯坦是古代丝绸之路的重要组成部分，也是当代建设"丝绸之路经济带"的核心地区之一。中土两国非常珍视来之不易的友谊和密切的合作关系，积极致力于培育和打造新时期的中国中亚"天然气丝绸之路"。秉承互利共赢、共同发展的精神，中国同土库曼斯坦和中亚其他有关国家共同建造了世界上规模最大的天然气管道——中国—中亚天然气管道，创造了世界能源运输史上的奇迹。这条管线输送的天然气已经为中国长三角、珠三角等地 22 个省市 5 亿多人口带去了实惠，也为沿线的乌兹别克斯坦、哈萨克斯坦两国带来巨大经济利益。未来的 D 线将进一步改变中国的天然气使用状况，为中国环境保护与产业转型做出贡献。

中国企业用自己的切实努力，为当地创造出更多的就业机会、更好的财富收益，也加强了中土民间友谊，增进了两国文化的相互理解与包容。在认真完成主营业务的同时，中国企业在土库曼斯坦开展的投资合作，承担了必要的社会责任，环境保护、劳工、资源利用、社会治理等问题，都是中资企业非常关注的问题。

通过生产活动带入技术创新、扩大企业员工培训、利用企业文化拓展和谐关系，以及在教育、医疗、慈善与残疾人救助等领域主动履行企业社会责任，这一系列内容有助于推动中国企业良好形象的确立，奠定了中土关系团结、和谐、进步的基础。

当前，中国与土库曼斯坦之间的合作领域较为集中，项目较为单一。未来根据双方合作需求，将开启新的合作内涵。在天然气合作之外，进一步扩大石油生产炼化与矿产资源开发使用的合作；在现有便捷的互联互通格局下，鼓励两国企业开通新航线，增开新航班，鼓励中方企业参与土库曼斯坦的铁路、公路网络建设，并研发连接多国跨境铁路、公路网线建设的可能性。在农业领域，双方开发潜力，在农业科技、农机、棉花与小麦育种和种植领域开展广泛合作，鼓励并支持两国科技与相关机构在马、牛、羊的育种、养殖、加工、贸易等方面开展更为密切的交流与合作。在纺织品生产、丝绸等轻纺工业领域，增加相互支持，增加投资，共同满足地区需求。在航空航天、卫星发射、遥感卫星项目合作和专业人员培养等领域，两国也有着密切合作的共同需求。土库曼斯坦将有机会在其遥感卫星发射之前以优惠价格获得中方遥感卫星数据，共同推动双边航天合作务实发展。

伴随合作的不断深入，中土双方将进一步开拓新的合作领域，发掘更多合作空间。这是双方的共同愿望，也是"丝绸之路经济带"建设的愿景所在。

中国与土库曼斯坦交往历史悠久，两国人民友谊源远流长。在两国元首的关心和支持下，双边经贸合作实现跨越式发展。中国自2011年起连续十年成为土库曼斯坦第一大贸易伙伴，双边贸易额于2014年达到104.7亿美元的历史峰值，是建交之初的2 300多倍。中土天然气合作取得丰硕成果，以土库曼斯坦为起点的中国—中亚天然气管道是21世纪的能源丝绸之路。截至2021年5月，土库曼斯坦通过这条能源大动脉已累计向中国输送天然气超过3 000亿立方米。双方在通信、铁路、纺织、电子等非资源领域的合作同样取得了显著成效。

参考文献

施玉宇，2005. 列国志·土库曼斯坦［M］. 北京：社会科学文献出版社.

蒲开夫，2012. 中亚区域经济发展研究［M］. 乌鲁木齐：新疆大学出版社.

商务部国际贸易经济合作研究院，中国驻土库曼斯坦大使馆经济商务处，商务部对外投资和经济合作司，2020. 对外投资合作国别（地区）指南·土库曼斯坦（2020 年版）［EB/OL］.http://www.mofcom.gov.cn.

后记

　　编写中亚国家的国别书单行本的想法，萌生于 2013 年习近平主席访问哈萨克斯坦时提出共建"丝绸之路经济带"倡议后不久。但由于各种原因，写作工作进展不甚理想。《汗血马的故乡：土库曼斯坦》就是其中之一。经过努力，终于编写完成，内心不胜感慨。

　　土库曼斯坦是中国重要的合作伙伴，尤其是在能源领域，地位非常重要。中国与土库曼斯坦的合作，为区域合作奠定了更为坚实的基础，树立了良好的合作典范。2022 年 2 月，习近平主席会晤土库曼斯坦时任总统库尔班古力·别尔德穆哈梅多夫时强调，"始终从战略高度和长期角度看待双边关系""实现互利共赢和共同繁荣"。这一要求为中土关系指明了前进方向。

　　本书稿的写作得到新疆社科院院党委、院科研外事处的大力支持。同时，西南财经大学出版社的编辑老师在书稿的编辑出版中，付出了艰辛劳动。在此一并致以诚挚的感谢。

　　本书作者为新疆社会科学院中亚研究所石岚研究员和刘赛助理研究员。由于书稿写作者专业水平和能力所限，加之土库曼斯坦的相关资料信息收集十分困难，书稿中不足之处在所难免，敬请读者朋友批评指正。

石岚、刘赛

2022 年 6 月